1800漢字 쓰기 敎本

敎育部選定 1800敎育用 基礎漢字 完全收錄

이현진 편

예성출판사

머리말

   이 책은 실업계(實業系)와 인문계(人文系) 공용(共用)으로 바르고 아름다운 글씨를 잘 쓸 수 있게 하는 동시에 1,800漢字를 완전 학습할 수 있게 하는데 그 목적을 두고 敎育部 選定 1,800漢字를 바탕으로 하여 거기에다 使用 頻度 調査에 따라 단어를 구성하여 가정이나 사회생활을 통해서 알아야 할 일을 흥미있고 알기 쉽게 엮은 것입니다.

   특히, 우리가 日常 사용하는 언어 가운데서는 漢字와 漢文에 語源을 두고 있는 것이 많으므로 이를 정확하게 이해하고 활용함으로써 국어생활의 원만을 기하는데 목적을 두고 다음과 같은 要旨로 엮었습니다.

1. 새로운 체제로 엮어 글씨를 연습하는 동시에 짧은 동안에 가장 능률적으로 한자를 배워 익히도록 꾸몄으며, 나아가 공부한 바를 바로 실생활에 옮겨 활용할 수 있게 하기 위하여 9쪽~17쪽은 상업·공업·경영·농사, 18쪽~29쪽은 계절·천지(天地)·자연·지리·식물·동물·금속, 30쪽~50쪽은 가정·방위(方位)·인사(人事)·성격·감정·수양(修養)·주거(住居)·인체(人體)·위생(衛生)·의료, 51쪽~73쪽은 국가·입법·행정·사법·사회·군사·학교·수(數), 74쪽~90쪽은 운동·교통·도시·언론·예술·역사·종교, 91쪽~96쪽은 길흉사(吉兇事)·간지(干支)·반대자어(反對字語), 97쪽~139쪽은 일반용어(一般用語)·어조사류자(語助辭類字) 등에 알맞은 단어를 수록하였습니다.
2. 한자의 기초적인 학습을 위하여 部首와 劃數를 넣어 그 글자의 구조를 알게 함과 동시에 字典을 찾는 길잡이가 되도록 하였습니다.
3. 各 漢字마다의 음과 訓은 물론 그 쓰는 순서를 정확히 하였으며, 하단에는 뜻풀이를 넣어 한자에 대한 지식을 익히도록 하였습니다.
4. 우리들의 언어 생활에서 뗄 수 없는 중요한 故事·熟語를 넣어 더욱 효과적인 한자 학습이 되도록 하였습니다.

   이상과 같이 敎育部 選定 1,800漢字를 바탕으로 하여 새롭게 엮은 이 책으로 漢文 실력 향상은 물론, 보다 바르고 아름다운 글씨를 쓰는데 조금이라도 도움이 되었으면 하는 마음 간절합니다.

엮은이 씀

永字 八法(영자팔법)

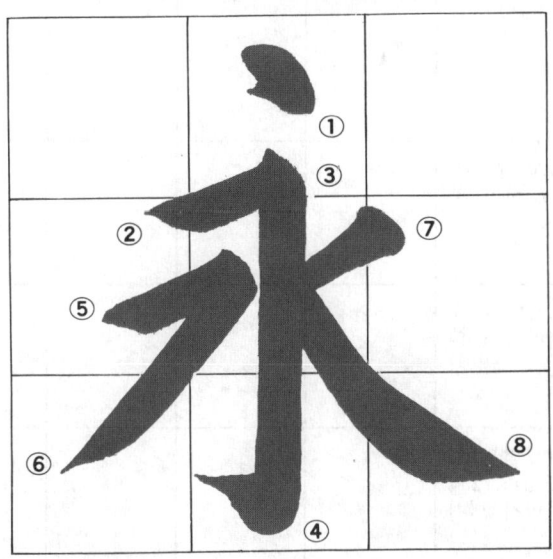

① 側(측) 점 찍는 법	우측에서 대어 비스듬히 눌러 돌리고 나서 조금 되돌린 후 가볍게 삐친다.
② 勒(늑) 가로 긋는 법	좌측 비스듬히 강하게 누른후 가운데가 휘듯이 긋고, 끝은 점을 찍듯이 눌렀다가 뺀다.
③ 努(노) 내려 긋는 법	우측 비스듬히 대어 약간 휘듯이 그어 내려 마지막엔 점을 찍듯이 멈춘다.
④ 趯(적) 치키는 법	노획 끝에서 그대로 좌측 위로 삐쳐 올린다.
⑤ 策(책) 왼쪽에서 오른쪽으로 삐치는 법	좌측 비스듬히 대어 눌러 약간 위로 치켜 올린다.
⑥ 掠(략) 길게 삐치는 법	늑보다 더 힘을 주어 아래로 자연스럽게 힘을 빼면서 약간 굽도록 그어 내린다.
⑦ 啄(탁) 짧게 삐치는 법	노처럼 눌러 좌측 아래로 힘을 가해 약간 굽도록 삐친다.
⑧ 磔(책) 파임하는 법	늑처럼 눌러 조금 천천히 그어 내리다가 끝은 넓어지도록 하면서 가볍게 뺀다.

차례

◇ 머리말 / 2
◇ 永子 八法 / 3
◇ 漢字의 基本點과 劃 / 4
◇ 漢字의 文書 / 6
◇ 漢字의 音과 訓 / 6
◇ 漢字의 筆順 / 6
◇ 字典의 利用 方法 / 7
◇ 漢字의 結構法 / 8
◇ 1,800 常用漢字 / 9
◇ 主要 故事·熟語 / 140
◇ 영수증·청구서·차용증 인수증 / 158
◇ 慶弔·贈品의 用語 / 159
◇ 書信 用語 / 160

한자의 기본 점과 획 (1)

丶	永	약간 비스듬히 찍고 점끝의 삐침 모양은 다음 획으로 옮겨가는 것이므로 자연스럽게 삐친다.	丶			
丶	室	좌측 비스듬히 찍고 끝은 아래로 가볍게 뺀다.	丶			
丶丶	火	양편 위 끝을 반듯하게 하고 우측에서 대어 되돌리는 기분으로 삐칠 때 너무 길지 않게 한다.	丶丶			
八	共	왼편은 빨리 삐쳐 빼고 오른편은 아래쪽을 넓게 벌려주며 위아래 끝은 수평이 되게 한다.	八			
氵	江	첫째점은 약간 세우고 둘째점은 약간 눕혀 주며 삐침점은 윗점의 2배 정도 간격을 유지하고 살며시 삐쳐 올린다.	氵			
灬	点	첫째점은 끝을 왼편으로 하고 다음부터는 오른편으로 비스듬하게 찍는다.	灬			
灬	驗	왼편점은 약간 올려주고 이어서 우측으로 올라가면서 비스듬하게 같은 간격으로 찍는다.	灬			
一	土	기필에선 약간 힘을 주고 수평으로 그으면서 휘는 기분을 준다. 왼편끝에 너무 힘을 주지 않도록.	一			
二	工	첫획은 우측으로 약간 올라가게 긋고 아래는 약간 휘는 기분을 주면서 배의 길이로.	二			
三	主	첫획을 긋고 둘째획은 약간 짧게, 셋째획은 첫획의 배의 길이로.	三			
丨	巾	그어 내려 오면서 펜끝을 드는 기분으로 삐쳐 준다.	丨			

한자의 기본 점과 획(2)

亅	寸	그어 내려온 다음 펜끝의 힘을 뺀 후 왼편 위로 살며시 삐쳐 준다.	亅			
㇏	人	왼편에서 조금 눌러 주면서 서서히 그어 내려 오다가 끝은 가볍게 뺀다.	㇏			
丿	少	왼편 아래로 약간 휘어 주며 자연스럽게 힘을 빼면서 가볍게 삐친다.	丿			
亅	子	활처럼 휘어지게 하면서 기필점과 꺾임점을 수직에 일치되게 하고 삐쳐 올린다.	亅			
丿	史	그어 내려 오다가 2/3정도에서 왼편으로 휘어지면서 가볍게 삐쳐 준다.	丿			
㇂	代	왼편에서 휘어지게 그어 내려온 후 끝을 삐쳐 올린다.	㇂			
ㄴ	毛	약간 휘면서 둥글게 그어 내렸다가 끝은 삐쳐 올린다.	ㄴ			
ㄱ	句	왼편에서 오른편으로 약간 올려 주고 아래로 내려갈 때는 획을 꺾고 약간 휘는 기분을 주었다가 끝은 삐쳐 올린다.	ㄱ			
冂	内	그어 내려 오면서 약간 좁혀 주고 윗 넓이는 첫 획 길이보다 조금더 길게 한다.	冂			
㇁	風	약간 위로 올려 주었다가 꺾어주면서 둥글게 그어 내려 끝은 삐쳐 올린다.	㇁			
辶	進	점은 아래의 머리 오른편 끝과 수직이 되게 하고 머리는 앞으로 숙이고 수평, 직선, 수평의 요령으로 한다.	辶			

1. 漢字의 六書

1) **象形(상형)**: 사물의 형체를 본떠서 만든 글자.
   - 예 日(⊙)·月(☽)·木(朩)
     山(⛰)·川(川)

2) **指事(지사)**: 점과 선을 이용하여 만든 부호와 같은 글자.
   - 예 上(二)·下(二)·本(朩)
     中(中)·末(朩)

3) **會意(회의)**: 이미 만들어진 두 글자(상형·지사)의 뜻을 합하여 한 글자의 뜻을 나타내는 글자.
   - 예 信(亻+言)·位(亻+立)
     男(田+力)·明(日+月)

4) **形聲(형성)**: 이미 만들어진 글자를 합하여 만들며, 뜻을 나타내는 자와 음을 나타내는 자를 합하여 만든 글자.
   - 예 淸(氵(水)→뜻+靑→음)
     霜(雨→뜻+相→음)
     村(木→뜻+寸→음)

5) **轉注(전주)**: 어떤 글자가 가지고 있는 뜻이 변하여 새로운 의미를 나타낸 글자.
   - 예 樂: 본디 상형문자로서 악기의 의미로 쓰여 '풍류(풍류 악)'를 뜻하였으나 나중에 음악을 들으면 즐겁게 된다하여 '즐겁다(락)'는 뜻으로 변화 하였는데, 또 즐거운 것은 더욱 좋아하게 된다는데서 '좋아하다(요)'로도 변하였다.
     道: 처음에는 사람이 다니는 '길(길 도)'을 뜻하였으나 나중에 '도리(도리 도)'의 뜻으로도 쓰이게 되었다.

6) **假借(가차)**: 음이나 뜻을 차용하여 전혀 다른 뜻으로 사용하는 글자로, 본래의 뜻과 상관 없이 쓰인다.
   - 예 亞細亞(아세아): 亞(버금 아)+細(가늘 세)+亞(버금 아)인데, 그 뜻과는 상관 없이 음만 차용하여 썼다.
     印度(인도): 印(도장 인)+度(법도 도)인데, 그 뜻과는 상관 없이 음만 차용하여 썼다.

2. 漢字의 音과 訓

1) **音(음)**: 한자가 중국에서 전해올 때의 한자 본래의 발음.
   - 예 運動(운동)·社會(사회)·大學(대학)

2) **訓(훈)**: 한자에 우리말의 뜻을 붙여 읽는 것.
   - 예 大대(큰)·學학(배울)·動동(움직일)

3. 漢字의 筆順

1) **위에서 아래로 쓰는 경우**: 위에 있는 획(점과 선)이나 부분부터 쓰기 시작하여 아랫부분으로 써내려 간다.
   - 예 三(一二三)·言(一二言言)

2) **왼쪽에서 오른쪽으로 쓰는 경우**: 왼쪽에 있는 획(점과 선)이나 부분부터 쓰기 시작하여 오른쪽으로 써내려 간다.
   - 예 川(丿刂川)·側(亻側側側)

3) **가로획을 먼저 쓰는 경우**: 가로획과 세로획이 서로 겹칠 때는 가로획을 먼저 긋는다.
   ① 가로획→세로획의 순서
   - 예 十(一十)·土(一十土)·七(一七)
   ② 가로획→세로획→세로획의 순서
   - 예 共(一卄艹共)·算(竹笪算算)
   ③ 가로획→가로획→세로획의 순서
   - 예 用(冂月用)·耕(三耒耕)
   - **주의** 세로획이 가로획을 꿰뚫지 않는 再·角 등은 위와 다르다.

4) **세로획을 먼저 쓰는 경우**: 가로획과 세로획이 서로 겹칠 때, 다음의 경우에는 세로획을 먼저 쓴다.
   ① '田'을 쓸 때→田(冂冂田田)
   - **주의** 里·軍·電 등은 위와 다르다.

② '田'과 비슷한 경우
　由(冂巾由由)・角(⺈𠂊角角)
　再(一冂冉再)・曲(冂曲曲曲)
③ '王'을 쓸 때
　王(一丁干王)・生(⺈牛生生)
　集(亻什隹集)・馬(⺈⺈馬馬)

5) 가운데를 먼저 쓰는 경우 : 좌우 획이 서로 맞설 때는 한가운데 획을 먼저 쓴다.
　예 小(亅小小)・水(亅才水)
　　業(″‴丵業)・樂(白幺樂樂)
　주의 火・間・辯 등은 위와 다르다.

6) 둘레를 먼저 쓰는 경우 : 둘러싼 모양의 글자는 바깥쪽을 먼저 쓴다.
　예 同(冂冂同同)・內(亅冂內)
　　風(丿几風)・國(冂囗國國)

7) 꿰뚫는 세로획을 쓰는 경우 : 위에서 아래로, 왼쪽에서 오른쪽으로 글자의 전체를 꿰뚫는 획은 나중에 쓴다.
　예 中(口中)・女(𠃌女女)

8) 오른쪽 위의 점을 쓰는 경우 : 오른쪽 위의 점은 나중에 쓴다.
　예 成(厂成成成)・犬(ナ大犬)

9) 받침이나 아래를 둘러 에우는 획을 쓰는 경우 : 받침이나 아래를 둘러 에우는 획은 나중에 쓴다.
① '近'을 쓸 때(나중에 쓰는 경우)
　예 近(⺈斤近近)・建(⺈⺈聿律建)
② '起'를 쓸 때(먼저 쓰는 경우)
　예 起(⺈土キ走起)・題(日早是題)

4. 字典의 利用 方法

1) 漢字의 部首

　字典에서 한자를 찾을 때는 먼저 한자의 부수를 알아야 한다. 그리고 그 부수가 한자의 어느 부분에 있는가에 따라 다음과 같은 이름이 붙는다.

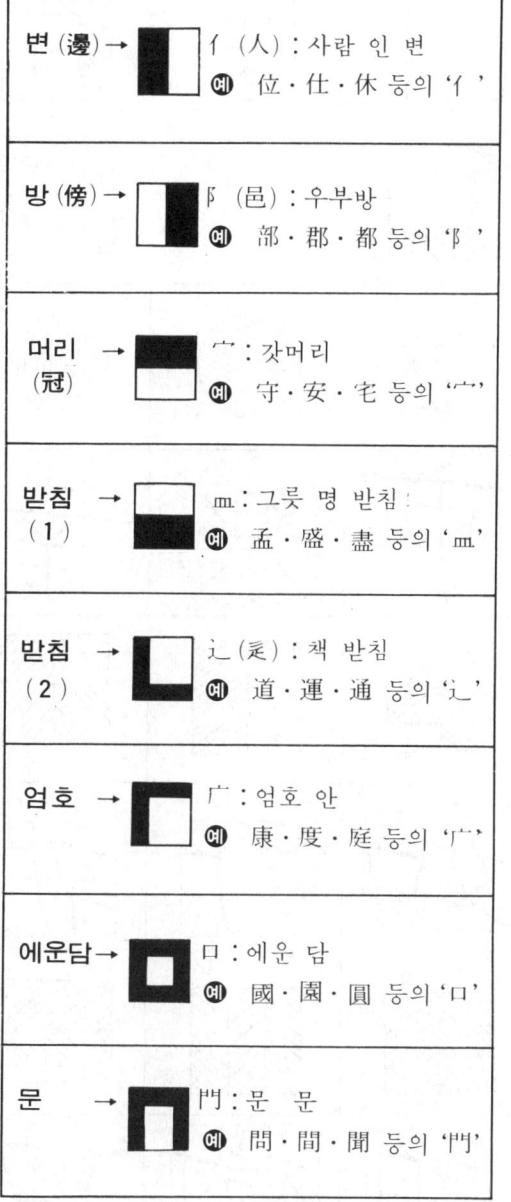

변(邊)→ 亻(人):사람 인 변
　　　　예 位・仕・休 등의 '亻'

방(傍)→ 阝(邑):우부방
　　　　예 部・郡・都 등의 '阝'

머리(冠)→ 宀:갓머리
　　　　예 守・安・宅 등의 '宀'

받침(1)→ 皿:그릇 명 받침
　　　　예 孟・盛・盡 등의 '皿'

받침(2)→ 辶(辵):책 받침
　　　　예 道・運・通 등의 '辶'

엄호→ 广:엄호 안
　　　예 康・度・庭 등의 '广'

에운담→ 囗:에운 담
　　　예 國・園・圓 등의 '囗'

문→ 門:문 문
　　예 問・間・聞 등의 '門'

2) 漢字의 劃數

　찾는 한자가 무슨 部首인가를 알고 난 뒤에는 그 부수의 획(점과 선)을 세어 보고 몇획인가를 확인한 후 그 부수에 해당되는 자전(옥편)의 페이지를 펼쳐 놓고 그 부수 외의 나머지 획수를 세어 그 획수에서 찾는다. 그리고 한자의 전체 획수를 세어 찾는 방법과 그 한자의 음으로 찾는 방법도 있다는걸 밝혀 둔다.

漢字의 結構法

변	몸		머리					△
			받침	돌림			—	
받침			짜임		目	皿		土
▽	●	◆	◆				
市	樂	幸	多	雷	昌
	1/2	1/2	1/2	1/2	1/2
如	呼	朝	明	數	地
1/2	1/3		1/2	1/3		
願	樹	留	累	妙	非
				1/2	
原	同	道	書	智	間

1,800 常用 漢字

販賣 〔판매〕	商店 〔상점〕	割引 〔할인〕	去來 〔거래〕	貨幣 〔화폐〕	顧客 〔고객〕
貝 4 · 貝 8	口 8 · 广 5	刂 10 · 弓 1	厶 3 · 人 6	貝 4 · 巾 12	頁 12 · 宀 6
販 賣	商 店	割 引	去 來	貨 幣	顧 客
장사 판 / 팔 매	장사 상 / 가게 점	나눌 할 / 끌 인	갈 거 / 올 래	재물 화 / 돈 폐	돌아볼 고 / 손 객

물건을 파는 것.	물건을 파는 가게.	정가보다 얼마간의 값을 감함.	물건을 매매하거나 돈을 대차함.	돈.	단골 손님.

未拂〔미불〕	包裝〔포장〕	入荷〔입하〕	帳簿〔장부〕	差額〔차액〕	貸借〔대차〕
木1・扌5	勹3・衣7	入0・艹7	巾8・竹13	工7・頁9	貝5・亻8

未	拂	包	裝	入	荷	帳	簿	差	額	貸	借
아니 미	떨칠 불	쌀 포	쌀 장	들 입	멜 하	휘장 장	장부 부	어겨질 차	이마 액	빌릴 대	빌릴 차

아직 지불하지 아니함.	물건을 종이나 판자로 싸서 꾸밈.	물건이 들어옴.	금품의 수입과 지출을 기록하는 책.	서로 틀리는 돈의 액수.	빌려 줌과 빌려 옴.

旋盤 〔선반〕	機械 〔기계〕	需要 〔수요〕	供給 〔공급〕	生産 〔생산〕	工場 〔공장〕
方7·皿10	木12·木7	雨6·西3	亻6·糸6	生0·生6	工0·土9
旋 盤	機 械	需 要	供 給	生 産	工 場
돌이킬 선 / 소반 반	기틀 기 / 틀 계	쓸 수 / 중요할 요	이바지할 공 / 줄 급	날 생 / 낳을 산	장인 공 / 마당 장
旋 盤	機 械	需 要	供 給	生 産	工 場

쇠를 갈거나 구멍을 뚫는 공작 기계.	일정한 작업을 하도록 만든 장치.	필요해서 얻고자 함.	수요에 응하여 물품을 제공함.	물건을 만들어 내는 일.	물건을 만들어 내는 곳.

製紙 〔제지〕		原油 〔원유〕		施設 〔시설〕		擴張 〔확장〕		電線 〔전선〕		資源 〔자원〕	
衣 8 · 糸 4		厂 8 · 氵 5		方 5 · 言 4		扌 15 · 弓 8		雨 5 · 糸 9		貝 6 · 氵 10	
製	紙	原	油	施	設	擴	張	電	線	資	源
지을 제	종이 지	근원 원	기름 유	베풀 시	베풀 설	넓힐 확	베풀 장	번개 전	실 선	재물 자	근원 원

종이를 만듦.	천연으로 산출된 그대로의 광유.	베풀어 차림.	늘이어 넓힘.	전깃줄. 전류가 흐르도록 하는 도체로서 쓰는 선.	생산에 이용되는 물적·노동력의 총칭.

條項 〔조항〕	換率 〔환율〕	企劃 〔기획〕	貿易 〔무역〕	契約 〔계약〕	株式 〔주식〕
木 7 · 頁 3	扌 9 · 玄 6	人 4 · 刂 12	貝 5 · 日 4	大 6 · 糸 3	木 6 · 弋 3
條項	換率	企劃	貿易	契約	株式
곁가지 조 / 목 항	바꿀 환 / 비율 률	꾀할 기 / 그을 획	무역할 무 / 바꿀 역	맺을 계 / 묶을 약	그루 주 / 법식 식

조목이나 항목.	환(換)시세.	꾀함. 계획함.	외국과 장사 거래를 함.	사람과 사람 사이의 약속.	① 주식 회사의 자본의 단위. ② 주권.

債券 〔채권〕	不渡 〔부도〕	提携 〔제휴〕	計算 〔계산〕	赤字 〔적자〕	共營 〔공영〕
亻11·刀6	一3·氵9	扌9·扌10	言2·竹8	赤0·子3	八4·火13
債券	不渡	提携	計算	赤字	共營
빚 채 / 문서 권	아닐 부 / 건널 도	끌 제 / 가질 휴	셈할 계 / 셈할 산	붉을 적 / 글자 자	함께 공 / 지을 영

| 정부·공공단체가 발행하는 유가증권. | 기한이 되어도 지불을 받지 못하게 되는 일. | ① 서로 도와줌. ② 협동하여 일함. | 수량을 헤아림. 셈함. | 지출이 수입보다 많은 것. | 여럿이 함께 사업을 경영함. |

田畓 〔전답〕	農地 〔농지〕	耕作 〔경작〕	播種 〔파종〕	肥料 〔비료〕	栽培 〔재배〕
田 0 · 田 4	辰 6 · 土 3	耒 4 · 亻 5	扌 12 · 禾 9	肉 4 · 斗 6	木 6 · 土 8
밭 전 / 논 답	농사 농 / 땅 지	밭갈 경 / 지을 작	씨뿌릴 파 / 씨 종	살찔 비 / 헤아릴 료	심을 재 / 북돋울 배
논과 밭.	농토. 농사를 짓는 데 쓰이는 땅.	논밭을 갈아 농사를 지음.	곡식의 씨앗을 뿌리는 일.	거름. 경작지에 뿌려 주는 영양 물질.	초목을 심고 북돋아 기르는 일.

豆太 〔두태〕		菜蔬 〔채소〕		米穀 〔미곡〕		稻苗 〔도묘〕		禾粟 〔화속〕		燕麥 〔연맥〕	
豆 0 · 大 1		⁺⁺ 8 · ⁺⁺ 11		米 0 · 禾 10		禾 10 · ⁺⁺ 5		禾 0 · 米 6		⁐ 12 · 麥 0	
豆	太	菜	蔬	米	穀	稻	苗	禾	粟	燕	麥
콩 두	클콩 태	나물 채	나물 소	쌀 미	곡식 곡	벼 도	모종 묘	벼 화	조 속	제비 연	보리 맥
팥과 콩.		온갖 푸성귀. 남새.		①쌀. ②곡식.		볏모.		벼와 조.		귀리.	

摘芽 〔적아〕		豊穫 〔풍확〕		土壤 〔토양〕		牧畜 〔목축〕		蠶具 〔잠구〕		閏月 〔윤월〕	
扌 11 · 艹 4		豆 6 · 禾 14		土 0 · 土 17		牛 4 · 田 5		虫 18 · 八 6		門 4 · 月 0	
摘 딸 적	芽 싹 아	豊 풍성할 풍	穫 거둘 확	土 흙 토	壤 부드러운 흙 양	牧 칠 목	畜 가축 축	蠶 누에 잠	具 갖출 구	閏 윤달 윤	月 달 월

잘 자라게 하기 위하여 곁순을 땀.	푸짐한 수확.	흙. 토지.	가축을 기름.	누에를 치는 데 쓰는 기구.	윤달.

春夏 〔춘하〕	秋冬 〔추동〕	風雨 〔풍우〕	寒暑 〔한서〕	朝夕 〔조석〕	晝夜 〔주야〕
日5・夂7	禾4・冫3	風0・雨0	宀9・日9	月8・夕0	日7・夕5
春 夏	秋 冬	風 雨	寒 暑	朝 夕	晝 夜
봄 춘 / 여름 하	가을 추 / 겨울 동	바람 풍 / 비 우	찰 한 / 더위 서	아침 조 / 저녁 석	낮 주 / 밤 야

| 봄·여름. | 가을·겨울. | 비바람.바람과 비. | ① 추위와 더위. ② 겨울과 여름. | 아침과 저녁. | 낮과 밤. |

日月 〔일월〕		星辰 〔성신〕		陰陽 〔음양〕		乾坤 〔건곤〕		宇宙 〔우주〕		天地 〔천지〕	
日 0 · 月 0		日 5 · 辰 0		阝8 · 阝9		乙 10 · 土 5		宀 3 · 宀 5		大 1 · 土 3	
日	月	星	辰	陰	陽	乾	坤	宇	宙	天	地
날 일	달 월	별 성	날 신	그늘 음	볕 양	하늘 건	땅 곤	집 우	집 주	하늘 천	땅 지

해와 달.	별.	음(陰)과 양(陽).	하늘과 땅.천지.	모든 천체를 포함하는 공간.	① 하늘과 땅. ② 우주·세상·세계.

山川 〔산천〕		溪谷 〔계곡〕		草木 〔초목〕		江流 〔강류〕		白雲 〔백운〕		樹林 〔수림〕	
山 0 · 巛 0		氵 10 · 谷 0		艹 6 · 木 0		氵 3 · 氵 7		白 0 · 雨 4		木 12 · 木 4	
뫼 산	내 천	시내 계	골 곡	풀 초	나무 목	강 강	흐를 류	흰 백	구름 운	나무 수	수풀 림

① 산과 내. ② 자연.
물이 흐르는 골짜기.
풀과 나무.
강의 흐름.
흰 구름.
나무가 우거진 숲.

沙丘 〔사구〕	廣野 〔광야〕	奇巖 〔기암〕	絶壁 〔절벽〕	蒼空 〔창공〕	碧海 〔벽해〕
氵4 · 一 4	广 12 · 里 4	大 5 · 山 20	糸 6 · 土 13	艹 10 · 穴 3	石 9 · 氵 7
沙丘	廣野	奇巖	絶壁	蒼空	碧海
모래 사 / 언덕 구	넓을 광 / 들 야	기이할 기 / 바위 암	끊을 절 / 바람벽 벽	푸를 창 / 빌 공	푸를구슬벽 / 바다 해

| 바람에 의하여 퇴적되어 이루어진 모래 언덕. | 너른 들. 너른 벌판. | 이상하게 생긴 바위. | ① 험한 낭떠러지. ② 사리에 어두운 사람을 일컫는 말. | 푸른 하늘. | 푸른바다. 짙푸른 바다. |

頂峯 〔정봉〕	巨嶺 〔거령〕	森羅 〔삼라〕	汎濫 〔범람〕	雷鳴 〔뇌명〕	濃霧 〔농무〕
頁2・山7	工2・山14	木8・网14	氵3・氵14	雨5・鳥3	氵13・雨11
이마 정 / 봉우리 봉	클 거 / 재 령	나무빽빽할 삼 / 새그물 라	넓을 범 / 넘칠 람	우뢰 뢰 / 울 명	짙을 농 / 안개 무
산봉우리의 맨 꼭대기.	큰 산고개.	땅위의 온갖 물건의 모양.	①물이 넘쳐 흐름. ②마구 쏟아져 나와 나돎.	천둥이 울림.	짙은 안개.

季節 〔계절〕	氷河 〔빙하〕	滄浪 〔창랑〕	淡綠 〔담록〕	旱炎 〔한염〕	枯渴 〔고갈〕
子5・竹9	水1・氵5	氵10・氵7	氵8・糸8	日3・火4	木5・氵9

季 아우 계	節 마디 절	氷 얼음 빙	河 물 하	滄 찰 창	浪 물결 랑	淡 물맑을 담	綠 초록빛 록	旱 가물 한	炎 불꽃 염	枯 마를 고	渴 목마를 갈

봄・여름・가을 겨울을 구분한 한 시기.	얼어붙은 강.	큰 바다의 푸른 물결.	연한 녹색.	가물 때의 불같은 더위.	① 물이 바짝 마름. ② 돈・물건 등이 매우 귀해짐.

群島 〔군도〕	沿岸 〔연안〕	阿洲 〔아주〕	波斯 〔파사〕	經緯 〔경위〕	畿湖 〔기호〕
羊 7 · 山 7	氵 5 · 山 5	阝 5 · 氵 6	氵 5 · 斤 8	糸 7 · 糸 9	田 10 · 氵 9

群	島	沿	岸	阿	洲	波	斯	經	緯	畿	湖
무리 군	섬 도	내물따라 내려갈 연	언덕 안	언덕 아	물가 주	물결 파	이 사	경서 경	씨 위	서울 기	호수 호

가까이 모여 있는 많은 섬들.	바다나 강에 잇달은 언덕.	아프리카주.	페르시아의 음역. 지금의 이란.	경도(經度)와 위도(緯度).	경기도와 충청도 지방을 가리킴.

梅蘭 〔매란〕		松竹 〔송죽〕		丹楓 〔단풍〕		冬柏 〔동백〕		植物 〔식물〕		霜菊 〔상국〕	
木7 · ⾋17		木4 · 竹0		· 3 · 木9		冫3 · 木5		木8 · 牛4		雨9 · ⾋8	
梅	蘭	松	竹	丹	楓	冬	柏	植	物	霜	菊
매화나무 매	난초 란	소나무 송	대 죽	붉을 단	단풍나무 풍	겨울 동	나무이름 백	심을 식	물건 물	서리 상	국화 국

매화와 난초.	소나무와 대나무.	단풍 나무.	동백 나무.	생물의 두 가지 분류의 하나.	서리 올 때에 핀 국화.

梧桐 〔오동〕	桂樹 〔계수〕	楊柳 〔양류〕	甘藍 〔감람〕	桑栗 〔상률〕	桃李 〔도리〕
木 7 · 木 6	木 6 · 木 12	木 9 · 木 5	甘 0 · 艹 14	木 6 · 木 6	木 6 · 木 3
梧 桐	桂 樹	楊 柳	甘 藍	桑 栗	桃 李
오동 / 오동나무 동	계수나무 계 / 나무 수	버들 양 / 버들 류	달 감 / 쪽 람	뽕나무 상 / 밤 률	복숭아 도 / 오얏 리

| 오동 나무. | 계수 나무. | 갯버들과 수양 버들. | 양배추, 캐비지. | 뽕나무와 밤. | 복숭아와 자두. |

黃牛 〔황우〕	胡蝶 〔호접〕	蜜蜂 〔밀봉〕	漂鳥 〔표조〕	雌雄 〔자웅〕	禽獸 〔금수〕
黃 0 · 牛 0	肉 5 · 虫 9	虫 8 · 虫 7	氵 11 · 鳥 0	隹 5 · 隹 4	內 8 · 犬 15
黃 牛	胡 蝶	蜜 蜂	漂 鳥	雌 雄	禽 獸
누를 황 / 소 우	먹줄 띠 호 / 나비 접	꿀 밀 / 벌 봉	뜰 표 / 새 조	암컷 자 / 수컷 웅	날짐승 금 / 짐승 수

황소.	호랑 나비.	꿀벌.	철새.	암컷과 수컷.	날짐승과 길짐승의 총칭.

犬豚 〔견돈〕		羊兎 〔양토〕		蟲蛇 〔충사〕		鷗鴈 〔구안〕		鴻鳳 〔홍봉〕		龜鶴 〔귀학〕	
犬 0 · 豕 4		羊 0 · 儿 6		虫 12 · 虫 5		鳥 11 · 鳥 4		鳥 6 · 鳥 3		龜 0 · 鳥 10	
犬	豚	羊	兎	蟲	蛇	鷗	鴈	鴻	鳳	龜	鶴
개 견	돼지 돈	양 양	토끼 토	벌레 충	뱀 사	갈매기 구	기러기 안	큰기러기 홍	새 봉	거북 귀	학두루미 학

개와 돼지.	양과 토끼.	벌레와 뱀.	갈매기와 기러기.	큰 기러기와 봉황새.	거북과 학두루미.

青銅 〔청동〕	亞鉛 〔아연〕	鑛脈 〔광맥〕	鐵鋼 〔철강〕	純金 〔순금〕	洋銀 〔양은〕
青 0 · 金 6	二 6 · 金 5	金 15 · 肉 6	金 13 · 金 8	糸 4 · 金 0	氵 6 · 金 6
青 푸를 청 / 銅 구리 동	亞 버금 아 / 鉛 납 연	鑛 쇳덩이광 / 脈 혈관 맥	鐵 쇠 철 / 鋼 강철 강	純 순전할순 / 金 쇠 금	洋 큰바다양 / 銀 은 은
구리와 아연으로 합금.	금속의 한 가지.	광물이 묻힌 줄기.	가단철(可鍛鐵)의 한 가지.	다른 쇠붙이가 섞이지 않은 황금.	구리·아연·니켈을 합금한 쇠.

父母 〔부모〕		兄弟 〔형제〕		姉妹 〔자매〕		祖孫 〔조손〕		事親 〔사친〕		以孝 〔이효〕	
父 0 · 母 0		儿 3 · 弓 4		女 5 · 女 5		示 5 · 子 7		亅 7 · 見 9		人 3 · 子 4	
父	母	兄	弟	姉	妹	祖	孫	事	親	以	孝
아비 부	어미 모	맏 형	아우 제	맏누이 자	아랫누이 매	할아비 조	손자 손	일 사	어버이 친	써 이	효도 효

아버지와 어머니. 양친. 어버이.	형과 아우. 곤계(昆季).	손위 누이와 손아래 누이. 여형제.	할아버지와 손자(祖父와 孫子).	어버이를 섬기기를 효도로써 함.

夫婦 [부부]		妻妾 [처첩]		叔姪 [숙질]		姻戚 [인척]		裕福 [유복]		和睦 [화목]	
大1 · 女8		女5 · 女5		又6 · 女6		女6 · 戈7		衤7 · 示9		口5 · 目8	
夫	婦	妻	妾	叔	姪	姻	戚	裕	福	和	睦
지아비 부	며느리 부	아내 처	첩 첩	아재비 숙	조카 질	혼인할 인	겨레 척	넉넉할 유	복 복	화할 화	화목할 목

남편과 아내. 내외.	본 아내와 첩.	아저씨와 조카.	외가와 처가에 딸린 겨레붙이.	살림이 넉넉함.	서로 뜻이 맞고 정다움.

東西 〔동서〕	南北 〔남북〕	左右 〔좌우〕	上下 〔상하〕	前後 〔전후〕	內外 〔내외〕
木 4 · 西 0	十 7 · 匕 3	工 2 · 口 2	一 2 · 一 2	丷 7 · 彳 6	入 2 · 夕 2
東西	南北	左右	上下	前後	內外
동녘 동 / 서녘 서	남녘 남 / 북녘 북	왼쪽 좌 / 오른쪽 우	위 상 / 아래 하	앞 전 / 뒤 후	안 내 / 바깥 외

동쪽과 서쪽.	남쪽과 북쪽.	왼쪽과 오른쪽.	위와 아래.	앞과 뒤.	안과 밖.

郵便 〔우편〕	配達 〔배달〕	富貴 〔부귀〕	亨通 〔형통〕	圓滿 〔원만〕	安寧 〔안녕〕
阝8・亻7	酉3・辶9	宀9・貝5	亠5・辶7	囗10・氵11	宀3・宀11
郵 便	配 達	富 貴	亨 通	圓 滿	安 寧
우편 우 / 소식 편	짝 배 / 통달할 달	부자 부 / 귀할 귀	형통할 형 / 통할 통	둥글 원 / 가득할 만	편안할 안 / 편안할 녕
郵 便	配 達	富 貴	亨 通	圓 滿	安 寧
서신 및 기타의 물품을 일정한 조직에 송달하는 업무.	물건을 가져다가 받을 사람에게 나누어 줌.	재산이 많고 지위가 높음.	모든 일이 뜻과 같이 잘 되어 감.	① 모난데가 없음. ② 서로 사이가 좋음.	탈 없이 무사함.

莫逆 〔막역〕		之友 〔지우〕		男女 〔남녀〕		閨秀 〔규수〕		佳朋 〔가붕〕		接賓 〔접빈〕	
艹 7 · 辶 6		丿 3 · 又 2		田 2 · 女 0		門 6 · 禾 2		亻 6 · 月 4		扌 8 · 貝 7	
莫	逆	之	友	男	女	閨	秀	佳	朋	接	賓
말막	거스를역	갈지	벗우	사내남	계집녀	계집규	빼어날수	아름다울가	벗붕	접속할접	손빈
莫	逆	之	友	男	女	閨	秀	佳	朋	接	賓

서로 허물 없이 지내는 친구.	남자와 여자.	① 처녀. ② 어진 부인.	좋은 벗.	손님을 접대함.

追憶 〔추억〕	鄕愁 〔향수〕	夢想 〔몽상〕	戀慕 〔연모〕	烏飛 〔오비〕	梨落 〔이락〕
辶 6 · 忄13	阝10 · 心 9	夕 11 · 心 9	心 19 · 心 11	灬 6 · 飛 0	木 7 · 艹 9
追憶	鄕愁	夢想	戀慕	烏飛	梨落
쫓을 추 / 생각할 억	고향 향 / 근심 수	꿈 몽 / 생각할 상	사모할 련 / 사모할 모	까마귀 오 / 날 비	배 리 / 떨어질 락

지난 일을 돌이켜 생각함.	고향을 그리워 하는 생각이나 시름.	되지 않은 일을 생각함. 헛된 생각.	그리워하고 사모함.	까마귀 날자 배 떨어짐. 곧 관계 없는 일에 혐의를 받음.

人倫 〔인륜〕	個性 〔개성〕	履歴 〔이력〕	慣習 〔관습〕	龍潭 〔용담〕	虎穴 〔호혈〕
人 0 · 亻 8	亻 8 · 忄 5	尸 12 · 止 12	忄 11 · 羽 5	龍 0 · 氵 12	虎 0 · 穴 0
人 倫	個 性	履 歴	慣 習	龍 潭	虎 穴

사람이 지켜야 할 마땅한 도리.	개인의 특유한 성질.	지금까지의 경력.	①버릇. ②사회의 질서와 습관.	용이 사는 못.	범이 사는 굴.

恩怨 〔은원〕	哀惜 〔애석〕	懷抱 〔회포〕	悔恨 〔회한〕	墮落 〔타락〕	怠慢 〔태만〕
心 6 · 心 5	口 6 · 忄 8	忄 16 · 扌 5	忄 7 · 忄 6	土 12 · 艹 9	心 5 · 忄 11
恩 은혜 은 / 怨 원망할 원	哀 슬플 애 / 惜 아낄 석	懷 품을 회 / 抱 안을 포	悔 뉘우칠 회 / 恨 원한 한	墮 떨어질 타 / 落 떨어질 락	怠 게으를 태 / 慢 거만할 만

은혜와 원망.	슬프고 아깝게 여김.	마음속에 품은 생각.	뉘우치고 한탄함.	품행이 나빠 못된 구렁에 빠짐.	게으르고 느림.

聰明 〔총명〕	智慧 〔지혜〕	勇氣 〔용기〕	精神 〔정신〕	飮酒 〔음주〕	泥醉 〔니취〕
耳 11 · 日 4	日 8 · 心 11	力 7 · 气 6	米 8 · 示 5	食 4 · 酉 3	氵5 · 酉 8

聰	明	智	慧	勇	氣	精	神	飮	酒	泥	醉
귀밝을 총	밝을 명	지혜 지	총명할 혜	날랠 용	기운 기	정할 정	귀신 신	마실 음	술 주	진흙 니	술취할 취

슬기롭고 도리에 밝음.	슬기·분별하는 작용.	씩씩하고 굳센 기운.	① 마음의 태도. ② 영혼이나 마음.	술을 마심.	술에 몹시 취함.

豪傑 〔호걸〕	義士 〔의사〕	老翁 〔노옹〕	岳丈 〔악장〕	某娘 〔모낭〕	姓氏 〔성씨〕
豕 7・亻 10	羊 7・士 0	老 0・羽 4	山 5・一 2	木 5・女 7	女 5・氏 0
豪 호걸 호 / 傑 뛰어날 걸	義 옳을 의 / 士 선비 사	老 늙을 로 / 翁 늙은이 옹	岳 멧부리 악 / 丈 길 장	某 아무 모 / 娘 각시 낭	姓 성 성 / 氏 성씨 씨

| 도량이 넓고 기개와 풍모가 있는 사람. | 절의(節義)를 지키는 사람. | 늙은 남자. | 아내의 친아버지. | 아무 아가씨. | 성(姓)의 높임말. |

輕妄 〔경망〕	寡默 〔과묵〕	愚鈍 〔우둔〕	浩蕩 〔호탕〕	貞淑 〔정숙〕	正直 〔정직〕
車 7 · 女 3	宀 11 · 黑 4	心 9 · 金 4	氵 7 · 艹 12	貝 2 · 氵 8	止 1 · 目 3
輕 가벼울 경 / 妄 망령될 망	寡 적을 과 / 默 말없을 묵	愚 어리석을 우 / 鈍 둔할 둔	浩 넓고클 호 / 蕩 클 탕	貞 곧을 정 / 淑 맑을 숙	正 바를 정 / 直 곧을 직
말이나 행동이 경솔함.	말이 적음.	어리석고 둔함.	아주 넓어 끝이 없음.	여자의 지조가 곧고 얌전함.	거짓이 없고 마음이 곧고 바름.

憂慮 〔우려〕	喜悅 〔희열〕	可憎 〔가증〕	激怒 〔격노〕	憤慨 〔분개〕	煩惱 〔번뇌〕
心 11 · 心 11	口 9 · 忄 7	口 2 · 忄 12	氵 13 · 心 5	忄 12 · 忄 11	火 9 · 忄 9
憂慮	喜悅	可憎	激怒	憤慨	煩惱
근심 우 / 생각 려	기쁠 희 / 기뻐할 열	옳을 가 / 미워할 증	과격할 격 / 성낼 노	분할 분 / 슬플 개	번거로울 번 / 번뇌할 뇌

근심이나 걱정을 함.	기쁘고 즐거워함.	얄미움.	몹시 화를 냄.	분하여 한탄함. 몹시 분하게 여김.	마음에 시달려서 괴로움.

美德 〔미덕〕	修養 〔수양〕	謹愼 〔근신〕	謙讓 〔겸양〕	雅量 〔아량〕	克慾 〔극욕〕
羊3・彳12	人8・食6	言11・忄10	言10・言17	隹4・里5	儿5・心11
美德	修養	謹愼	謙讓	雅量	克慾
아름다울 미 / 큰 덕	닦을 수 / 기를 양	삼갈 근 / 삼갈 신	겸손할 겸 / 사양할 양	맑을 아 / 요량 량	이길 극 / 욕심낼 욕

아름답고 갸륵한 덕행.	품성과 지덕을 닦음.	언행(言行)을 삼가고 조심함.	겸손하고 사양함.	너그럽고 깊은 마음씨.	탐욕의 생각을 억제함.

花壇 〔화단〕	庭園 〔정원〕	住宅 〔주택〕	家屋 〔가옥〕	居室 〔거실〕	書架 〔서가〕
艹 4 · 土 13	广 7 · 口 10	亻 5 · 宀 3	宀 7 · 尸 6	尸 5 · 宀 6	日 6 · 木 5
꽃 화 / 제터 단	뜰 정 / 동산 원	살 주 / 집 택	집 가 / 집 옥	살 거 / 집 실	글 서 / 시렁 가
화초를 심기 위하여 만든 꽃밭.	집 안의 뜰.	거주하는 집.	사람이 사는 집.	거처하는 방.	책을 얹어 두는 선반.

欄干 〔난간〕	映窓 〔영창〕	寢臺 〔침대〕	暖爐 〔난로〕	掛鏡 〔괘경〕	陶器 〔도기〕
木 17 · 干 0	日 5 · 穴 6	宀 11 · 至 8	日 9 · 火 16	扌 8 · 金 11	阝 8 · 口 13
欄干	映窓	寢臺	暖爐	掛鏡	陶器
난간란 / 방패간	비칠영 / 창창	잘침 / 돈대대	따뜻할난 / 화로로	걸괘 / 거울경	질그릇도 / 그릇기
층계나 난간의 가장자리에 세운 살.	방을 밝게 하기 위해 만든 창.	사람이 누워 자게 만든 가구.	방안을 덥게 하는 기구. 스토브.	벽에 걸 수 있게 만든 거울.	질그릇. 오지 그릇.

柱礎 〔주초〕		階段 〔계단〕		蓋瓦 〔개와〕		軒燈 〔헌등〕		倉庫 〔창고〕		別莊 〔별장〕	
木 5 · 石 13		阝 9 · 殳 5		艹 10 · 瓦 0		車 3 · 火 12		人 8 · 广 7		刂 5 · 艹 7	
柱	礎	階	段	蓋	瓦	軒	燈	倉	庫	別	莊
기둥 주	주춧돌 초	섬돌 계	층계 단	덮을 개	기와 와	추녀끝 헌	등잔 등	곳집 창	창고 고	다를 별	장중할 장

주춧돌. 기둥 밑에 괴는 돌.	①층층대. ②일의 순서. 단계.	①기와. ②기와로 지붕을 이음.	처마에 다는 등.	곳집.	본집 이외 경치 좋은 곳에 따로 마련한 집.

耳目 〔이목〕		口鼻 〔구비〕		手足 〔수족〕		皮毛 〔피모〕		骨肉 〔골육〕		心臟 〔심장〕	
耳 0 · 目 0		口 0 · 鼻 0		手 0 · 足 0		皮 0 · 毛 0		骨 0 · 肉 0		心 0 · 肉 18	
耳	目	口	鼻	手	足	皮	毛	骨	肉	心	臟
귀 이	눈 목	입 구	코 비	손 수	발 족	가죽 피	털 모	뼈 골	고기 육	마음 심	오장 장

귀와 눈.	입·코.	손과 발.	피부와 털.	①뼈와 살. ② 부자·형제 등의 육친.	①염통. ②마음을 비유하여 이르는 말.

肩腰 〔견요〕	肝肺 〔간폐〕	咽喉 〔인후〕	胸廓 〔흉곽〕	頭腦 〔두뇌〕	胃腸 〔위장〕
肉4・肉9	肉3・肉4	口6・口9	肉6・广11	頁7・肉9	肉5・肉9
肩腰	肝肺	咽喉	胸廓	頭腦	胃腸
어깨 견 / 허리 요	간 간 / 허파 폐	목구멍 인 / 목구멍 후	가슴 흉 / 클 곽	머리 두 / 머릿골 뇌	밥통 위 / 창자 장
어깨와 허리.	간장(肝臟)과 폐장.	목구멍.	가슴을 둘러싸고 있는 골격.	①머릿골. ②인식하고 판단 하는 힘.	위와 창자.

齒牙 〔치아〕	髮膚 〔발부〕	脣舌 〔순설〕	眼眉 〔안미〕	呼吸 〔호흡〕	睡眠 〔수면〕
齒 0・牙 0	髮 0・肉 11	肉 7・舌 0	目 6・目 4	口 5・口 4	目 8・目 5
齒 이 치 / 牙 어금니 아	髮 터럭 발 / 膚 피부 부	脣 입술 순 / 舌 혀 설	眼 눈 안 / 眉 눈썹 미	呼 부를 호 / 吸 숨들이쉴 흡	睡 졸 수 / 眠 잠잘 면

이. 이를 점잖게 이르는 말.	머리털과 피부.	① 입술과 혀. ② 수다스러움.	눈과 눈썹.	① 숨쉬기. ② 일을 함께 할 때의 장단.	① 졸음. 잠. ② 활동을 쉼.

早起 〔조기〕	清掃 〔청소〕	淨潔 〔정결〕	健康 〔건강〕	沐浴 〔목욕〕	洗濯 〔세탁〕
日 2 · 走 3	氵 8 · 扌 8	氵 8 · 氵 12	亻 9 · 广 8	氵 4 · 氵 7	氵 6 · 氵 14
早 起	清 掃	淨 潔	健 康	沐 浴	洗 濯
이를 조 / 일어날 기	맑을 청 / 쓸 소	조촐할 정 / 깨끗할 결	굳셀 건 / 편안할 강	머리감을 목 / 목욕할 욕	씻을 세 / 빨래할 탁

아침에 일찍 일어남.	더러운 것을 깨끗이 함.	깨끗함. 결백함.	① 몸이 튼튼하고 병이 없음. ② 사고·사상이 완전함.	온 몸을 씻는 일.	빨래. 옷 따위의 때를 씻음.

病院 〔병원〕	醫師 〔의사〕	患者 〔환자〕	治療 〔치료〕	輸血 〔수혈〕	藥局 〔약국〕
疒5・阝7	西11・巾7	心7・耂5	氵5・疒12	車9・血0	艹15・尸4
병 / 집원	의원의 / 스승사	근심환 / 놈자	다스릴치 / 병고칠료	보낼수 / 피혈	약약 / 판국

병자를 치료하는 집.	법에 의하여 병을 치료하는 사람.	병을 앓는 사람.	병을 낫게 함.	환자에게 남의 피를 넣어 주는 일.	약을 조제(調製)하거나 파는 곳.

毒菌 〔독균〕	燥熱 〔조열〕	裏症 〔이증〕	傳染 〔전염〕	整形 〔정형〕	鎭靜 〔진정〕
母 4 · 艹 8	火 13 · 灬 11	衣 7 · 疒 5	亻 11 · 木 5	攵 12 · 彡 4	金 10 · 靑 8
毒(해로울 독) 菌(버섯 균)	燥(마를 조) 熱(더울 열)	裏(속 리) 症(병증세 증)	傳(전할 전) 染(물들일 염)	整(가지런할 정) 形(얼굴 형)	鎭(진압할 진) 靜(고요할 정)
독이 있는 병균.	① 바싹 마르고 더움. ② 마음이 답답하고 몸에 열기가 남.	뒤가 잦고 아픈 병.	① 병이 남에게 옮김. ② 옮아서 물이 듦.	몸의 외형을 바르게 고침.	① 가라앉음. ② 가라 앉아서 조용하게 됨.

即效 〔즉효〕	漸愈 〔점유〕	苦痛 〔고통〕	刃創 〔인창〕	疫疾 〔역질〕	刺傷 〔자상〕
卩7・攵6	氵11・心9	艹5・疒7	刀1・刂10	疒4・疒5	刂6・亻11
即 效	漸 愈	苦 痛	刃 創	疫 疾	刺 傷
곧 즉 / 효험 효	번질 점 / 나을 유	괴로울 고 / 아플 통	칼날 인 / 비로소 창	염병 역 / 병 질	찌를 자 / 상할 상

| 즉시에 나타나는 효험. | 병이 차츰 나아 감. | 괴롭고 아픔. | 칼로 베인 상처. | 천연두(天然痘). | 칼 따위에 찔린 상처. |

自主 〔자주〕	獨立 〔독립〕	大韓 〔대한〕	世界 〔세계〕	隣邦 〔인방〕	聯盟 〔연맹〕
自 0 · 4	犭 13 · 立 0	大 0 · 韋 8	一 4 · 田 4	阝 12 · 阝 4	耳 11 · 皿 8

自 스스로 자	主 주인 주	獨 홀로 독	立 설 립	大 큰 대	韓 나라이름 한	世 인간 세	界 경계 계	隣 이웃 린	邦 나라 방	聯 잇닿을 련	盟 맹세할 맹

간섭을 받지 아니하고 스스로 자기 일을 처리함.	남에게 의존하거나 속박당지 아니함.	대한민국의 준말.	① 지구상의 모든 나라. ② 어떤 삶의 영역.	이웃 나라. 인국.	같은 목적을 가진 단체가 맹약하는 일.

投票 〔투표〕	選擧 〔선거〕	制憲 〔제헌〕	政黨 〔정당〕	應答 〔응답〕	質疑 〔질의〕
扌 4 · 示 6	辶 12 · 手 14	刂 6 · 心 12	攵 5 · 黑 8	心 13 · 竹 6	貝 8 · 疋 9

| 던질 투 | 표할 표 | 가릴 선 | 들 거 | 지을 제 | 법 헌 | 정사 정 | 무리 당 | 대답할 응 | 대답할 답 | 바탕 질 | 의심할 의 |

| 선거에서 자기 의사를 적어 내는 일. | 적당한 사람을 골라서 천거함. | 헌법을 제정함. | 정책이 일치하는 사람끼리 조직하는 단체. | 어떤 것에 의하여 답함. | 옳고 그름을 물어서 의논함. |

委員 〔위원〕	定期 〔정기〕	贊否 〔찬부〕	表決 〔표결〕	案件 〔안건〕	討議 〔토의〕
女 5 · 口 7	宀 5 · 月 8	貝 12 · 口 4	衣 3 · 氵 4	木 6 · 人 4	言 3 · 言 13
委 員	定 期	贊 否	表 決	案 件	討 議
맡길 위 / 관원 원	정할 정 / 기약 기	칭찬할 찬 / 아니 부	겉 표 / 결단할 결	책상 안 / 가지 건	칠 토 / 의논할 의

기관·단체등에서 특정한 업무를 맡은 사람.	일정한 기간 또는 시기.	찬성과 불찬성.	회의에서 의사를 표시하여 결정함.	토의하거나 연구하여야 할 사실.	어떤 문제에 대하여 검토하고 협의함.

民族 〔민족〕	中興 〔중흥〕	執權 〔집권〕	總理 〔총리〕	紀綱 〔기강〕	組閣 〔조각〕
氏 1 · 方 7	ㅣ 3 · 臼 9	土 8 · 木 18	糸 11 · 王 7	糸 3 · 糸 8	糸 5 · 門 6
民族	中興	執權	總理	紀綱	組閣
백성 민 / 겨레 족	가운데 중 / 일 흥	잡을 집 / 권세 권	합할 총 / 다스릴 리	벼리 기 / 벼리 강	짤 조 / 누각 각
한 겨레. 인간 집단의 최대 단위.	쇠퇴해 가던 가운데서 다시 흥성해짐.	정권을 잡음.	① 전체를 모두 관리함. ② 내각의 수반(首班).	기율과 법강. 나라를 다스리는 법강.	내각을 조직하는 것.

戶籍 〔호적〕		抄本 〔초본〕		市郡 〔시군〕		邑面 〔읍면〕		洞里 〔동리〕		區域 〔구역〕	
戶 0 · 竹 14		扌 4 · 木 1		巾 2 · ß 7		邑 0 · 面 0		氵 6 · 里 0		匚 9 · 土 8	
戶	籍	抄	本	市	郡	邑	面	洞	里	區	域
집 호	서적 적	가려뽑을 초	근본 본	저자 시	고을 군	고을 읍	얼굴 면	골 동	마을 리	구역 구	지경 역

호적 원본 중에서 한 사람만의 신분 관계를 복사 한 문서.	시(市)와 군(郡).	읍(邑)과 면(面).	①마을. ②지방 행정 구역인 동과 이(里).	갈라 놓은 지역이나 범위.

幹部 〔간부〕	兼務 〔겸무〕	赴任 〔부임〕	待遇 〔대우〕	罷免 〔파면〕	殉職 〔순직〕
干 10 · 阝 8	八 8 · 力 9	走 2 · 人 4	彳 6 · 辶 9	罒 10 · 儿 5	歹 6 · 耳 12
幹部	兼務	赴任	待遇	罷免	殉職
줄기 간 / 거느릴 부	겸할 겸 / 힘쓸 무	다다를 부 / 맡길 임	기다릴 대 / 만날 우	파할 파 / 면할 면	따라죽을 순 / 직분 직

단체의 우두머리 되는 사람.	둘 이상의 일을 겸하여 보는 사무.	임명을 받아 근무할 곳으로 감.	① 예의를 갖추어 대함. ② 직장에서 받는 지위 수준.	직무를 그만 두게 함.	직무를 다하다가 목숨을 잃음.

賦課 〔부과〕	租稅 〔조세〕	依賴 〔의뢰〕	添付 〔첨부〕	支署 〔지서〕	廳舍 〔청사〕
貝8・言8	禾5・禾7	亻6・貝9	氵8・亻3	支0・罒9	广22・舌2

賦 부세 부	課 세금매길 과	租 세금 조	稅 구실 세	依 의지할 의	賴 의지할 뢰	添 더할 첨	付 부칠 부	支 지탱할 지	署 관청 서	廳 관청 청	舍 집 사

세금을 매기어 부담하게 함.	세금. 국민으로부터 거두어 들이는 수입.	① 남에게 부탁함. ② 남에게 의지함.	더하여 붙임.	본서에 딸려 그 지역의 일을 맡아 보는 곳.	관청에서 일을 보는 집.

司法 〔사법〕	刑罰 〔형벌〕	訴訟 〔소송〕	裁判 〔재판〕	傍聽 〔방청〕	辯護 〔변호〕
口 2 · 氵 5	刂 4 · 罒 9	言 5 · 言 4	衣 6 · 刂 5	人 10 · 耳 16	辛 14 · 言 14
司 法	刑 罰	訴 訟	裁 判	傍 聽	辯 護
맡을 사 / 법 법	형벌 형 / 벌줄 벌	하소연할 소 / 송사할 송	마를 재 / 판단할 판	곁 방 / 들을 청	판별할 변 / 보호할 호

국가 삼권(三權)의 하나.	죄를 지은 사람에게 주는 벌.	법원에 재판을 청구함.	옳고 그름을 가리어 판단함.	회의·공판 따위를 곁에서 들음.	남의 이익을 위하여 변명함.

罪囚 〔죄수〕	監獄 〔감옥〕	檢索 〔검색〕	拘束 〔구속〕	怪漢 〔괴한〕	盜賊 〔도적〕
罒 8 · 口 2	皿 9 · 犬 10	木 13 · 糸 4	扌 5 · 木 3	忄 5 · 氵 11	皿 7 · 貝 6
罪 囚	監 獄	檢 索	拘 束	怪 漢	盜 賊
허물 죄 / 가둘 수	살필 감 / 감옥 옥	검사할 검 / 찾을 색	잡을 구 / 묶을 속	괴이할 괴 / 한수 한	도둑 도 / 도둑 적

교도소에 수감된 죄인.	죄인을 가두어 두는 곳.	조사하여 찾아 봄.	체포하여 속박함.	차림새나 행동이 이상한 사람.	도둑.

詐欺 〔사기〕	僞造 〔위조〕	再犯 〔재범〕	連累 〔연루〕	審問 〔심문〕	陳述 〔진술〕
言 5 · 欠 8	亻 12 · 辶 7	冂 4 · 犭 2	辶 7 · 糸 5	宀 12 · 口 8	阝 8 · 辶 5
詐欺	僞造	再犯	連累	審問	陳述
속일 사 / 속일 기	거짓 위 / 지을 조	두번 재 / 범할 범	이을 련 / 포갤 루	살필 심 / 물을 문	베풀 진 / 지을 술
詐欺	僞造	再犯	連累	審問	陳述
거짓말로 남을 속여 해침.	거짓으로 만 듦.	두 번째 죄를 저 지름.	남의 범죄에 관 계됨.	자세히 따져서 물음.	구두(口頭)로 자세하게 말함.

證據 〔증거〕	端緒 〔단서〕	密告 〔밀고〕	抑留 〔억류〕	辨償 〔변상〕	猶豫 〔유예〕
言12・扌13	立9・糸9	宀8・口4	扌4・田5	辛9・亻15	犭9・豕9
證據	端緒	密告	抑留	辨償	猶豫
증거 증 / 의지할 거	끝 단 / 실마리 서	빽빽할 밀 / 알릴 고	누를 억 / 머무를 류	분별할 변 / 갚을 상	오히려 유 / 미리 예
어떤 사실을 증명할 수 있는 근거.	어떤 일의 실마리.	남몰래 넌지시 일러바침.	강제로 머물게 함.	① 빚을 갚음. ② 끼친 손해를 물어 줌.	일이나 날짜를 미루고 끎.

社會 〔사회〕	保障 〔보장〕	啓蒙 〔계몽〕	開拓 〔개척〕	改良 〔개량〕	公衆 〔공중〕
示3·曰9	人7·阝11	口8·艹10	門4·扌5	攵3·艮1	八2·血6
社 會	保 障	啓 蒙	開 拓	改 良	公 衆
모일 사 / 모을 회	보호할 보 / 막힐 장	열 계 / 어릴 몽	열 개 / 물리칠 척	고칠 개 / 어질 량	공평할 공 / 무리 중
社 會	保 障	啓 蒙	開 拓	改 良	公 衆

생활이 어려운 사람에게 국가나 단체가 최저 생활을 보장해 주는 제도.	우매한 사람을 가르쳐 깨우쳐 줌.	황무지를 개간하여 논밭을 만듦.	좋게 고침.	사회의 여러 사람들.

貧困 〔빈곤〕	飢餓 〔기아〕	打破 〔타파〕	博愛 〔박애〕	奉仕 〔봉사〕	零細 〔영세〕
貝4・口4	食2・食7	扌2・石5	十10・心9	大5・亻3	雨5・糸5
貧困	飢餓	打破	博愛	奉仕	零細
가난할 빈 / 곤할 곤	주릴 기 / 주릴 아	칠 타 / 깨뜨릴 파	너를 박 / 사랑 애	받들 봉 / 벼슬할 사	떨어질 령 / 가늘 세

| 가난하여 살기가 어려움. 빈궁. | 굶주림. | 몰아 내어 없애는 것. | 온 사람을 널리 평등하게 사랑함. | 남을 위하여 일함. | ① 아주 잘음. ② 아주 가난함. |

災殃 〔재앙〕	救濟 〔구제〕	秩序 〔질서〕	紛爭 〔분쟁〕	育英 〔육영〕	團體 〔단체〕
火 3 · 歹 5	攵 7 · 氵 14	禾 5 · 广 4	糸 4 · 爫 4	肉 4 · 艹 5	口 11 · 骨 13
재앙 재 / 재앙 앙	구원할 구 / 구제할 제	차례 질 / 차례 서	어지러울 분 / 다툴 쟁	기를 육 / 꽃부리 영	둥글 단 / 몸 체

천재 지변으로 입은 불행.	구하여 건져줌.	사물의 차례나 순서.	말썽을 일으키어 다툼.	가르쳐 기름.	같은 목적을 가진 사람들의 집단.

殺身 〔살신〕	成仁 〔성인〕	軍旗 〔군기〕	銃劍 〔총검〕	訓練 〔훈련〕	鍊武 〔연무〕
殳7・身0	戈3・亻2	車2・方10	金6・刂13	言3・糸9	金9・止4
殺 身	成 仁	軍 旗	銃 劍	訓 練	鍊 武

| 자기 몸을 희생하여 인(仁)을 이룸. | 군에서 부대를 대표하는 기. | 총과 칼. | 가르쳐 익히게 함. | 무예를 익힘. |

臨陣 〔임진〕	無退 〔무퇴〕	被侵 〔피침〕	援戰 〔원전〕	攻略 〔공략〕	勝利 〔승리〕
臣 11 · 阝 7	灬 8 · 辶 6	衣 5 · 亻 7	扌 9 · 戈 12	攵 3 · 田 6	力 10 · 刂 5
臨陣	無退	被侵	援戰	攻略	勝利
임할 림 / 진칠 진	없을 무 / 물러갈 퇴	입을 피 / 범할 침	구원할 원 / 싸움 전	칠 공 / 간략할 략	이길 승 / 이로울 리
전쟁터에 나섬.	후퇴하거나 물러서지 아니함.	침범을 당함.	싸움을 도움.	남의 땅을 쳐서 빼앗음.	싸움에 이김. 겨루어서 이김.

爲國 〔위국〕	忠誠 〔충성〕	編隊 〔편대〕	爆擊 〔폭격〕	彈丸 〔탄환〕	照準 〔조준〕
灬 8 · 口 8	心 4 · 言 7	糸 9 · 阝 9	火 15 · 手 13	弓 12 · ノ 2	灬 9 · 冫 10
爲 國	忠 誠	編 隊	爆 擊	彈 丸	照 準
할 위 / 나라 국	충성 충 / 정성 성	엮을 편 / 떼 대	폭발할 폭 / 칠 격	탄알 탄 / 덩어리 환	비칠 조 / 법도 준

나라를 위함.	참마음에서 우러나는 정성.	비행기가 날 때 만드는 대열.	비행기에서 폭탄을 떨어뜨려 적을 공격함.	총탄이나 포탄의 총칭.	총의 목표를 정하여 보는 가늠.

徵募 〔징모〕	誰何 〔수하〕	召集 〔소집〕	命令 〔명령〕	衛兵 〔위병〕	斥候 〔척후〕
彳12・力11	言8・亻5	口2・隹4	口5・人3	彳12・八5	斤1・亻8
徵募	誰何	召集	命令	衛兵	斥候
부를 징 / 모을 모	누구 수 / 어찌 하	부를 소 / 모일 집	목숨 명 / 명령할 령	호위할 위 / 군사 병	내칠 척 / 날씨 후

불러 모집함. 징집.	누구야! 하고 신분을 묻는 말.	군에서 입대하도록 불러서 모음.	윗사람이 아랫사람에게 시킴.	위수 근무에 복무하는 병사.	몰래 적의 형편을 살핌.

學校 〔학교〕	眞理 〔진리〕	硏究 〔연구〕	探求 〔탐구〕	指導 〔지도〕	努力 〔노력〕
子 13 · 木 6	目 5 · 玉 7	石 6 · 穴 2	扌 8 · 水 2	扌 6 · 寸 13	力 5 · 力 0

學	校	眞	理	硏	究	探	求	指	導	努	力
배울 **학**	학교 **교**	참 **진**	다스릴 **리**	갈 **연**	궁구할 **구**	정탐할 **탐**	구할 **구**	손가락 **지**	인도할 **도**	힘쓸 **노**	힘 **력**

학생에게 교육을 시키는 곳.	삶의 참다운 이치.	조사하여 생각함.	찾아 구함.	가르치어 이끌어 감.	힘을 들어 애씀.

溫故 〔온고〕		知新 〔지신〕		琢磨 〔탁마〕		先哲 〔선철〕		螢雪 〔형설〕		勉勵 〔면려〕	
氵10・攵5		矢3・斤9		王8・石11		儿4・口7		虫10・雨3		力7・力15	
溫	故	知	新	琢	磨	先	哲	螢	雪	勉	勵
따뜻할 온	연고 고	알 지	새 신	쫄 탁	갈 마	먼저 선	밝을 철	반딧불 형	눈 설	힘쓸 면	힘쓸 려

옛 것을 익히고 나아감.	새로운 것을 앎.	① 옥석을 갈고 닦음. ② 학문을 연마함.	옛날의 현철(賢哲).	고학으로 공부함. 애써 공부함.	① 힘써 함. ② 힘쓰게 함.

合格 〔합격〕	卒業 〔졸업〕	試驗 〔시험〕	同級 〔동급〕	皆勤 〔개근〕	兒童 〔아동〕
口 3 · 木 6	十 6 · 木 9	言 6 · 馬 13	口 3 · 糸 4	白 4 · 力 11	儿 6 · 立 7
合格	卒業	試驗	同級	皆勤	兒童
합할 합 / 격식 격	군사 졸 / 업 업	시험할 시 / 증험할 험	한가지 동 / 등급 급	다 개 / 부지런할 근	아기 아 / 어릴 동
시험에 통과됨.	일정한 규정의 학업을 마침.	문제를 내어 답을 구하는 일.	① 같은 학급. ② 같은 등급.	정해진 기간 동안 빠짐없이 출석함.	① 어린아이 ② 국민 학교에 다니는 아이.

一二 〔일이〕	三四 〔삼사〕	五六 〔오륙〕	七八 〔칠팔〕	九十 〔구십〕	百千 〔백천〕
一 0 · 二 0	一 2 · 口 2	二 2 · 八 2	一 1 · 八 0	乙 1 · 十 0	白 1 · 十 1

一	二	三	四	五	六	七	八	九	十	百	千
한 일	두 이	석 삼	넉 사	다섯 오	여섯 륙	일곱 칠	여덟 팔	아홉 구	열 십	일백 백	일천 천

한두.	서너.	대여섯.	일곱이나 여덟.	아흔.	온갖 일.

壹貳 〔일이〕	參拾 〔삼십〕	萬億 〔만억〕	尺寸 〔척촌〕	斗升 〔두승〕	貫斤 〔관근〕
士 9 · 貝 5	ム 9 · 扌 6	艹 9 · 亻 13	尸 1 · 寸 0	斗 0 · 十 2	貝 4 · 斤 0
壹 貳	參 拾	萬 億	尺 寸	斗 升	貫 斤
하나 일 / 두 이	석 삼 / 열 십	일만 만 / 억 억	자 척 / 마디 촌	말 두 / 되 승	꿰일 관 / 근 근

| 한두. | 서른. | 몹시 많음. | 자와 치. | 말과 되. | 관과 근(무게의 단위). |

規則〔규칙〕	遵守〔준수〕	競泳〔경영〕	排球〔배구〕	乘馬〔승마〕	記錄〔기록〕
見4·刂7	辶12·宀3	立15·氵5	扌8·王7	丿9·馬0	言3·金8

규 법규	칙 법칙	준 쫓을 준	수 지킬 수	경 다툴 경	영 헤엄칠 영	배 물리칠배	구 구슬 구	승 탈 승	마 말 마	기 기록할기	록 기록 록

다 같이 지키기로 한 법칙.	규칙·명령 등을 그대로 쫓아서 지킴.	수영으로 빠름을 겨루는 경기.	6명 또는 9명을 일조로 한 구기의 하나.	말타기.	운동 경기 따위의 성적.

特急 〔특급〕	列車 〔열차〕	村驛 〔촌역〕	到着 〔도착〕	運賃 〔운임〕	距離 〔거리〕
牛 6・心 5	刂 4・車 0	木 3・馬 13	刂 6・羊 6	辶 9・貝 6	足 5・隹 11
特 急	列 車	村 驛	到 着	運 賃	距 離
특별할 특 / 급할 급	벌릴 렬 / 수레 차	마을 촌 / 역말 역	이를 도 / 붙을 착	옮길 운 / 품삯 임	어서로떨어질 거 / 떠날 리
特 急	列 車	村 驛	到 着	運 賃	距 離

특별 급행의 준말.	화물・여객을 실어 나르는 차량.	시골의 철도역.	목적지에 다다름.	운반하는 삯.	두 곳 사이의 떨어진 길이.

歸省 〔귀성〕	觀光 〔관광〕	積載 〔적재〕	座席 〔좌석〕	輪禍 〔윤화〕	停止 〔정지〕
止14 · 目4	見18 · 儿4	禾11 · 車6	广7 · 巾7	車8 · 示9	亻9 · 止0
歸 돌아올 귀 / 省 살필 성	觀 볼 관 / 光 빛 광	積 쌓을 적 / 載 실을 재	座 자리 좌 / 席 돗자리 석	輪 바퀴 륜 / 禍 재화 화	停 머무를 정 / 止 그칠 지

객지에서 고향으로 돌아감.	다른 지방이나 나라를 구경함.	물건을 실음.	① 앉는 자리. ② 여러 사람이 모인 자리.	차륜에 의하여 입는 피해.	① 머물러 섬. ② 중지함.

街路 〔가로〕	陸橋 〔육교〕	華麗 〔화려〕	高層 〔고층〕	旅館 〔여관〕	茶房 〔다방〕
彳9・足6	阝8・木12	艹8・鹿8	高0・尸12	方6・食8	艹6・戶4
도시의 넓은 길.	길 위에 건너질러 놓은 다리.	빛나고 아름다움.	이층 이상의 높은 층.	나그네를 묵게 하는 집.	찻집.

新聞 〔신문〕	雜誌 〔잡지〕	報道 〔보도〕	放送 〔방송〕	輿論 〔여론〕	取材 〔취재〕
斤9·耳8	隹10·言7	土9·辶9	攵4·辶6	車10·言8	又6·木3
新聞	雜誌	報道	放送	輿論	取材
새 신 / 들을 문	섞일 잡 / 기록할 지	갚을 보 / 길 도	놓을 방 / 보낼 송	수레바탕 여 / 논의할 론	가질 취 / 재목 재

새로운 소식을 전하는 정기 간행물.	정기로 발행하는 출판물.	신문 따위의 뉴우스.	라디오나 텔레비젼에서 음성이나 영상을 내보냄.	여러 사람들의 공통된 언론.	기사나 작품의 재료를 취하는 일.

長詩 〔장시〕	藝術 〔예술〕	短篇 〔단편〕	小說 〔소설〕	叙情 〔서정〕	文章 〔문장〕
長 0 · 言 6	⾋ 15 · 彳 8	矢 7 · 竹 9	小 0 · 言 7	又 7 · 忄 8	文 0 · 立 6
긴 형식의 시.	미를 창조·표현하는 인간 활동.	① 단편 소설의 준말. ② 짧은 시문.	문학 형식의 하나.	자기의 정서를 나타내는 일.	① 글월. ② 글을 잘 하는 사람.

翻譯 〔번역〕	脫稿 〔탈고〕	戲曲 〔희곡〕	演劇 〔연극〕	思潮 〔사조〕	批評 〔비평〕
飛12・言13	肉7・禾10	戈13・曰2	氵11・刂13	心5・氵12	扌4・言5
번득일 번 / 통변할 역	벗을 탈 / 볏짚 고	희롱할 희 / 굽을 곡	펼 연 / 심할 극	생각 사 / 밀물 조	비평할 비 / 평론할 평

| 다른 나라의 말이나 글로 옮김. | 원고를 다 써서 마침. | 상연을 목적으로 한 연극의 각본. | 배우가 무대에서 연출하는 예술. | 그 시대 사상의 흐름. | 사물의 선악・미추를 평가 논함. |

歌謠 〔가요〕	鑑賞 〔감상〕	吟詠 〔음영〕	音律 〔음률〕	管絃 〔관현〕	弦琴 〔현금〕
欠10・言10	金14・貝8	口4・言5	音0・彳6	竹8・糸5	弓5・王8
歌 謠	鑑 賞	吟 詠	音 律	管 絃	弦 琴
노래가 / 노래요	거울감 / 상줄상	읊을음 / 읊조릴영	소리음 / 법률	대롱관 / 악기줄현	활시위현 / 거문고금
민요・동요・속요・유행가 등의 속칭.	예술 작품의 가치를 음미 이해함.	시가(詩歌)를 읊음.	소리・음악의 가락.	관악기(管樂器)와 현악기(絃樂器).	여러 줄로 만든 악기의 총칭.

展覽 〔전람〕	抽象 〔추상〕	構圖 〔구도〕	肖像 〔초상〕	畫廊 〔화랑〕	筆墨 〔필묵〕
尸 7 · 見 14	扌 5 · 豕 5	木 10 · 口 11	肉 3 · 亻 12	田 7 · 广 10	竹 6 · 土 12
展覽 펼 전 / 두루볼 람	抽象 뺄 추 / 코끼리 상	構圖 집세울 구 / 그림 도	肖像 어질 초 / 형상 상	畫廊 그림 화 / 행랑 랑	筆墨 붓 필 / 먹 묵

여럿을 벌이어 놓고 봄.	구체에서 공통적 속성을 뽑아 냄.	전체적으로 조화되게 짜는 도면.	사람의 얼굴이나 모양을 그린 것.	예술 작품을 진열하여 전시하는 곳.	① 붓과 먹. ② 붓과 먹으로 써놓은 글씨나 문장.

王妃 〔왕비〕		皇帝 〔황제〕		君臣 〔군신〕		宮廷 〔궁정〕		孔孟 〔공맹〕		聖賢 〔성현〕	
王 0 · 女 3		白 4 · 巾 6		口 4 · 臣 0		宀 7 · 廴 4		子 1 · 子 5		耳 7 · 貝 8	
王	妃	皇	帝	君	臣	宮	廷	孔	孟	聖	賢
임금 왕	왕비 비	임금 황	임금 제	임금 군	신하 신	집 궁	조정 정	구멍 공	맏 맹	성인 성	어질 현

임금의 아내. 왕후.	임금·천자.	임금과 신하.	임금이 거처하는 곳.	공자(孔子)와 맹자(孟子).	성인(聖人)과 현인(賢人).

及第 〔급제〕	登科 〔등과〕	遺蹟 〔유적〕	城樓 〔성루〕	京洛 〔경락〕	州縣 〔주현〕
又 2 · 竹 5	癶 7 · 禾 4	辶 12 · 足 11	土 7 · 木 11	亠 6 · 氵 6	巛 3 · 糸 10
及第	登科	遺蹟	城樓	京洛	州縣
미칠 급 / 차례 제	오를 등 / 과거 과	남을 유 / 사적 적	재 성 / 다락 루	서울 경 / 물이름 락	고을 주 / 고을 현
① 과거에 합격함. ② 시험에 합격함.	과거에 급제함.	옛것이 남은 자취.	성 위에 지은 다락집.	서울. 임금이 살고 있는 도읍.	하나의 주(州)와 하나의 현(縣).

奴婢 〔노비〕	腐儒 〔부유〕	班常 〔반상〕	封建 〔봉건〕	弓矢 〔궁시〕	刀戈 〔도과〕
女2·女8	肉8·亻14	王6·巾8	寸6·廴6	弓0·矢0	刀0·戈0
奴 종 노 / 婢 계집종 비	腐 썩을 부 / 儒 선비 유	班 나눌 반 / 常 떳떳할 상	封 봉할 봉 / 建 세울 건	弓 활 궁 / 矢 화살 시	刀 칼 도 / 戈 창 과
남자 종과 여자 종. 종.	낡은 생각에 젖은 쓸모 없는 선비.	양반과 상사람.	토지를 나눠 주고 제후를 세우던 일.	활과 화살.	칼과 창.

蠻夷 〔만이〕	征伐 〔정벌〕	史跡 〔사적〕	古都 〔고도〕	熙朝 〔희조〕	陵廟 〔능묘〕
虫 19 · 大 3	彳 5 · 亻 4	口 2 · 阝 6	口 2 · 阝 9	灬 9 · 月 8	阝 8 · 广 12
蠻夷	征伐	史跡	古都	熙朝	陵廟

오랑캐.	죄 있는 무리를 군대로 침.	역사의 자취.	옛 도읍. 옛 서울.	잘 다스려진 사태.	임금의 영을 모신 곳.

賜謁 〔사알〕	侍從 〔시종〕	侯爵 〔후작〕	吏屬 〔이속〕	佐郎 〔좌랑〕	官祿 〔관록〕
貝8・言9	亻6・亻8	亻7・爫14	口3・尸18	亻5・阝7	宀5・示8
賜 謁	侍 從	侯 爵	吏 屬	佐 郎	官 祿
줄 사 / 아뢸 알	모실 시 / 좇을 종	임금 후 / 벼슬 작	관리 리 / 속할 속	도울 좌 / 사내 랑	벼슬 관 / 녹 록
임금이 신하에게 만날 기회를 줌.	임금 옆에서 일을 받드는 직분.	다섯 작위(爵位)의 둘째 번.	아전의 무리.	고려・조선시대의 육조(六曹)의 정5품 벼슬.	관위(官位)와 봉급.

慈悲 〔자비〕	勸善 〔권선〕	懲惡 〔징악〕	靈魂 〔영혼〕	信仰 〔신앙〕	宗教 〔종교〕
心 10 · 心 8	力 18 · 口 9	心 15 · 心 8	雨 16 · 鬼 4	亻 7 · 亻 4	宀 5 · 攵 7
慈 悲	勸 善	懲 惡	靈 魂	信 仰	宗 教
사랑 자 / 슬플 비	권할 권 / 착할 선	징계할 징 / 나쁠 악	신령 령 / 넋 혼	믿을 신 / 우러를 앙	마루 종 / 가르칠 교

| 크게 사랑하고 가엾게 여김. | 착한 일을 하도록 권함. | 악한 일을 징계함. | 육체와는 따로이 정신적 실체로 존재한다고 생각되는 것. | 종교를 믿는 마음. | 신불(神佛)을 신앙하는 길. |

讃頌 〔찬송〕	基督 〔기독〕	巡禮 〔순례〕	尋訪 〔심방〕	祈願 〔기원〕	敬畏 〔경외〕
言 19 · 頁 4	土 8 · 目 8	巛 4 · 示 13	寸 9 · 言 4	示 4 · 頁 10	女 9 · 田 4
讃 기릴 찬 / 頌 칭송 송	基 터 기 / 督 감독할 독	巡 순행할 순 / 禮 예도 례	尋 찾을 심 / 訪 찾을 방	祈 빌 기 / 願 원할 원	敬 공경할 경 / 畏 두려울 외

| 덕을 기리어 칭찬함. | 그리스도(christ). 예수. | 종교적 목적으로 곳곳을 찾아 다님. | 방문하여 찾아 봄. | 소원이 이루어지기를 빎. | 공경하고 두려워함. |

僧舞 〔승무〕	晩鐘 〔만종〕	坐禪 〔좌선〕	憐憫 〔연민〕	石塔 〔석탑〕	佛寺 〔불사〕
亻12 · 舛8	日7 · 金12	土4 · 示12	忄12 · 忄12	石0 · 土10	亻5 · 寸3
僧舞	晩鐘	坐禪	憐憫	石塔	佛寺
중 승 / 춤출 무	저물 만 / 쇠북 종	앉을 좌 / 고요할 선	불쌍히여길 련 / 불쌍할 민	돌 석 / 탑 탑	부처 불 / 절 사
중처럼 차리고 추는 춤.	저녁 종 소리.	도사리고 앉아서 깨달음을 구함.	불쌍히 여김.	돌로 쌓은 탑. 돌탑.	절.

結婚 〔결혼〕		扶助 〔부조〕		壽宴 〔수연〕		祝賀 〔축하〕		吉凶 〔길흉〕		弔慰 〔조위〕	
糸 6 · 女 8		扌 4 · 力 5		士 11 · 宀 7		示 5 · 貝 5		口 3 · 凵 2		弓 1 · 心 11	
結	婚	扶	助	壽	宴	祝	賀	吉	凶	弔	慰
맺을 결	장가들 혼	도울 부	도울 조	목숨 수	잔치 연	빌 축	축하할 하	길할 길	흉할 흉	조상할 조	위로할 위

혼인 관계를 맺음.	① 도와 줌. ② 길·흉사에 돈이나 물품을 보냄.	오래 삶을 축하하는 잔치.	기뻐하고 즐거워 하는 것.	좋은 일과 언짢은 일.	죽은 이를 조상하고 유족을 위로함.

哭泣 〔곡읍〕	初喪 〔초상〕	享祀 〔향사〕	墳墓 〔분묘〕	埋葬 〔매장〕	碑銘 〔비명〕
口 7 · 氵 5	刀 5 · 口 9	亠 6 · 示 3	土 12 · 土 11	土 7 · 艹 9	石 8 · 金 6
哭 泣	初 喪	享 祀	墳 墓	埋 葬	碑 銘
울 곡 / 울읍 이소리없이	처음 초 / 복입을 상	누릴 향 / 제사 사	봉분 분 / 무덤 묘	묻을 매 / 장사지낼 장	비석 비 / 새길 명
소리를 내어 슬 퍼 옳.	사람이 죽어서 장사 때까지의 동 안. 사람의 죽음.	신령에게 드리 는 의식.	무덤.	시체를 땅에 묻 음.	죽은 이의 내력 을 돌에 새긴 글.

甲子 〔갑자〕	乙丑 〔을축〕	丙寅 〔병인〕	丁卯 〔정묘〕	戊午 〔무오〕	己巳 〔기사〕
田 0 · 子 0	乙 0 · 一 3	一 4 · 宀 8	一 1 · 卩 3	戈 1 · 十 2	己 0 · 己 0

甲子	乙丑	丙寅	丁卯	戊午	己巳
갑옷 갑 / 아들 자	새 을 / 소 축	불 병 / 범 인	고무래 정 / 토끼 묘	천간 무 / 낮 오	몸 기 / 뱀 사

| 60갑자(六十甲子)의 첫째. | 60갑자(六十甲子)의 둘째. | 60갑자(六十甲子)의 세째. | 60갑자(六十甲子)의 네째. | 60갑자(六十甲子)의 쉰다섯째. | 60갑자(六十甲子)의 여섯째. |

庚申 〔경신〕	辛酉 〔신유〕	壬戌 〔임술〕	癸亥 〔계해〕	占卜 〔점복〕	册曆 〔책력〕
广5·田0	辛0·酉0	士1·戈2	癶4·亠4	卜3·卜0	冂3·日12

庚申	辛酉	壬戌	癸亥	占卜	册曆
60갑자(六十甲子)의 쉰일곱째.	60갑자(六十甲子)의 쉰여덟째.	60갑자(六十甲子)의 쉰아홉째.	60갑자(六十甲子)의 예순째.	① 좋고 언짢음을 점침. ② 점술과 복술.	해·달의 운행과 절기를 적은 책.

今昔 〔금석〕	彼此 〔피차〕	巧拙 〔교졸〕	優劣 〔우열〕	浮沈 〔부침〕	深淺 〔심천〕
人2・日4	彳5・止2	工2・扌5	亻15・力4	氵7・氵4	氵8・氵8
今昔	彼此	巧拙	優劣	浮沈	深淺
이제 금 / 옛 석	저 피 / 이 차	공교할 교 / 못날 졸	넉넉할 우 / 용렬할 렬	뜰 부 / 잠길 침	깊을 심 / 얕을 천
지금과 옛날.	① 저것과 이것. ② 서로.	교모함과 서투름.	훌륭한 것과 뒤떨어진 것.	① 뜨는 것과 가라앉는 것. ② 흥망.	깊음과 얕음.

矛盾 〔모순〕	死活 〔사활〕	枝葉 〔지엽〕	伸縮 〔신축〕	昇降 〔승강〕	剛柔 〔강유〕
矛 0・目 4	歹 2・氵 6	木 4・艹 9	亻 5・糹 11	日 4・阝 6	刂 8・木 5
矛盾	死活	枝葉	伸縮	昇降	剛柔
창 모 / 방패 순	죽을 사 / 살 활	가지 지 / 입사귀 엽	펼 신 / 오그라들 축	오를 승 / 내릴 강	굳셀 강 / 부드러울 유
① 창과 방패. ② 일의 앞뒤가 서로 어긋남.	죽기와 살기.	가지와 잎.	늘어남과 줄어듦.	오름과 내림.	단단함과 부드러움.

姦淫 〔간음〕	假飾 〔가식〕	價値 〔가치〕	覺悟 〔각오〕	各處 〔각처〕	簡單 〔간단〕
女 6・氵8	亻9・食 5	亻13・亻8	見 13・忄7	口 3・虍 5	竹 12・口 9
姦 淫	假 飾	價 値	覺 悟	各 處	簡 單
간사할 간 / 음란할 음	거짓 가 / 꾸밀 식	값 가 / 값 치	깨달을 각 / 깨달을 오	각각 각 / 곳 처	편지 간 / 홑 단

| 부정한 남녀간의 관계. | 거짓 꾸밈. | ① 값. ② 값어치. | 미리 깨달아 마음을 작정함. | 여러 곳. 모든 곳. | 간략하고 단순함. 단출함. |

強硬 〔강경〕	看板 〔간판〕	概念 〔개념〕	更蘇 〔갱소〕	講釋 〔강석〕	懇切 〔간절〕
弓 9 · 石 7	目 4 · 木 4	木 11 · 心 4	日 3 · ⺾ 16	言 10 · 釆 13	心 13 · 刀 2
強硬	看板	槪念	更蘇	講釋	懇切
굳셀 강 / 굳을 경	볼 간 / 널 판	대개 개 / 생각 념	고칠 갱 / 되살아날 소	익힐 강 / 해석할 석	정성 간 / 끊을 절
굳세게 버티어 굽히지 아니함.	글씨 따위를 써서 내건 표지.	어떤 것에 대한 대강의 뜻이나 내용.	다시 살아남.	강의하여 글을 풀음.	지성스럽고 절실함.

堅固 〔견고〕	儉朴 〔검박〕	缺如 〔결여〕	絹織 〔견직〕	警戒 〔경계〕	頃刻 〔경각〕
土8・口5	亻13・木2	缶4・女3	糸7・糸12	言13・戈3	頁2・刂6
堅固	儉朴	缺如	絹織	警戒	頃刻
굳을 견 / 굳을 고	검소할 검 / 질박할 박	이지러질 결 / 같을 여	비단 견 / 짤 직	경계할 경 / 경계할 계	잠시 경 / 새길 각
굳고 단단함.	검소하고 소박함.	갖추어지지 않아 모자람.	명주실로 짠 피륙.	잘못이 없도록 미리 조심함.	극히 짧은 시간. 눈 깜빡한 동안.

景致〔경치〕	系譜〔계보〕	傾斜〔경사〕	卿相〔경상〕	鷄卵〔계란〕	繼承〔계승〕
日 8 · 至 4	糸 1 · 言 12	亻 11 · 斗 7	卩 10 · 目 4	鳥 10 · 卩 5	糸 14 · 手 4
景致	系譜	傾斜	卿相	鷄卵	繼承
경치 경 / 이를 치	이을 계 / 계보 보	기울어질 경 / 비낄 사	벼슬 경 / 서로 상	닭 계 / 알 란	이을 계 / 이을 승
자연계의 아름다운 현상.	집안의 혈연 관계 등을 적은 책.	비스듬히 한 쪽으로 기울어짐.	대신(大臣).	달걀.	뒤를 이어 받음.

姑捨 〔고사〕	孤寂 〔고적〕	考察 〔고찰〕	鼓吹 〔고취〕	恐懼 〔공구〕	功勞 〔공로〕
女 5 · 扌 8	子 6 · 宀 8	耂 2 · 宀 11	鼓 0 · 口 4	心 6 · 忄 18	力 3 · 力 10
姑 시어머니 고 / 捨 버릴 사	孤 외로울 고 / 寂 고요할 적	考 상고할 고 / 察 살필 찰	鼓 북 고 / 吹 불 취	恐 두려울 공 / 懼 두려워할 구	功 이바지할 공 / 勞 수고로울 로

| 그만 두고. | 외롭고 쓸쓸함. | 생각하여 살핌. | ① 북을 치고 피리를 붊. ② 격려함. | 몹시 두려워함. | 힘쓴 노력이나 수고. |

果敢 〔과감〕	誇示 〔과시〕	瓜蒸 〔과증〕	關係 〔관계〕	恭惟 〔공유〕	貢獻 〔공헌〕
木 4 · 攵 8	言 6 · 示 0	瓜 0 · ⺾ 10	門 11 · 亻 7	心 6 · 忄 8	貝 3 · 犬 16
果 敢	誇 示	瓜 蒸	關 係	恭 惟	貢 獻
과실 과 / 구태여 감	자랑할 과 / 보일 시	오이 과 / 찔 증	관계할 관 / 맬 계	공손할 공 / 생각할 유	바칠 공 / 바칠 헌

과단성 있고 용감스러움.	뽑내어 보임.	오이찜.	둘 이상이 서로 얽힘.	공경하고 생각함. 삼가 생각함.	①이바지함. ②공물을 바침.

光輝 〔광휘〕	交涉 〔교섭〕	冠帶 〔관대〕	寬恕 〔관서〕	愧慙 〔괴참〕	塊炭 〔괴탄〕
儿 4 · 車 8	亠 4 · 氵 7	冖 7 · 巾 8	宀 12 · 心 6	忄 10 · 心 11	土 10 · 火 5
光 輝 빛 빛날 광 휘	交 涉 사귈 건널 교 섭	冠 帶 갓 때 관 대	寬 恕 너그러울 용서할 관 서	愧 慙 부끄러울 부끄러울 괴 참	塊 炭 흙덩이 숯 괴 탄
번쩍번쩍 빛남.	어떤 일을 이루기 위하여 서로 의논함.	머리에 쓰는 관과 허리띠.	너그럽게 용서함.	부끄러워함. (慚과 同)	덩어리로 된 석탄.

俱慶〔구경〕	苟且〔구차〕	厥尾〔궐미〕	驅逐〔구축〕	窮極〔궁극〕	矯革〔교혁〕
亻 8 · 心 11	艹 5 · 一 4	厂 10 · 尸 4	馬 11 · 辶 7	穴 10 · 木 9	矢 12 · 革 0
俱慶	苟且	厥尾	驅逐	窮極	矯革
함께 구 / 경사 경	겨우 구 / 또한 차	짧을 궐 / 꼬리 미	몰 구 / 쫓을 축	다할 궁 / 다할 극	바로잡을 교 / 가죽 혁
양친 부모가 다 살아 계심.	몹시 가난하고 궁색함.	짧은 꼬리. 꼬리가 짧은 개.	몰아 쫓아 냄.	극도에 달함. 맨 끝.	잘못됨을 뜯어 고쳐 바로 잡음.

根底 〔근저〕	禁煙 〔금연〕	叫聲 〔규성〕	均等 〔균등〕	屈服 〔굴복〕	僅少 〔근소〕
木6・广5	示8・火9	口2・耳11	土4・竹6	尸5・月4	亻11・小1
根底	禁煙	叫聲	均等	屈服	僅少
뿌리 근 / 밑 저	금할 금 / 연기 연	부르짖을 규 / 소리 성	고를 균 / 등급 등	굽을 굴 / 옷 복	겨우 근 / 적을 소

① 사물의 밑바탕. ② 근본.	담배를 못피우게 함.	외치는 소리.	차별이 없고 고름.	힘이 미치지 못하여 복종함.	아주 적음.

其他 〔기타〕	技能 〔기능〕	騎御 〔기어〕	緊迫 〔긴박〕	旣往 〔기왕〕	寄贈 〔기증〕
八6·亻3	扌4·肉6	馬8·彳8	糸8·辶5	无7·彳5	宀8·貝12
其他	技能	騎御	緊迫	旣往	寄贈
그 기 / 다를 타	재주 기 / 능할 능	말탈 기 / 어거할 어	얽을 긴 / 핍박할 박	이미 기 / 갈 왕	부칠 기 / 줄 증

그것 이외에 또 다른 것.	기술상의 재능. 기능.	말을 몰음.	몹시 급박함.	지금보다 이전. 이미.	선사하는 물품을 보내 줌.

但只 〔단지〕	多幸 〔다행〕	忌避 〔기피〕	乃至 〔내지〕	那邊 〔나변〕	納涼 〔납량〕
亻5・口2	夕3・干5	心3・辶13	丿1・至0	阝4・辶15	糸4・水8
但只	多幸	忌避	乃至	那邊	納涼
다만 단 / 다만 지	많을 다 / 다행 행	꺼릴 기 / 피할 피	이에 내 / 이를 지	어찌 나 / 가 변	들일 납 / 서늘할 량
但只	多幸	忌避	乃至	那邊	納涼
다만・겨우・오직.	운수가 좋음. 잘 안 될 뻔하던 일이 잘 풀림.	꺼려서 피함.	① 또는. 혹은. ② 얼마에서 얼마까지의 말.	어느 곳. 어디.	시원한 곳에서 서늘함을 맛봄.

逃亡 〔도망〕	挑發 〔도발〕	唐錦 〔당금〕	踏襲 〔답습〕	跳梁 〔도량〕	對替 〔대체〕
辶 6 · 亠 1	扌 6 · 癶 7	口 7 · 金 8	足 8 · 衣 16	足 6 · 木 7	寸 11 · 日 8
逃亡	挑發	唐錦	踏襲	跳梁	對替
달아날 도 / 도망할 망	돋을 도 / 필 발	나라이름 당 / 비단 금	밟을 답 / 엄습할 습	뛸 도 / 도리 량	대답할 대 / 바꿀 체

| 몰래 피하여 달아남. | 집적거려 일이 일어나게 함. | 중국에서 나는 비단. | 옛것을 좇아 그대로 함. 도습. 습답. | 거리낌 없이 함부로 날뜀. | 금액을 다른 계산 자리로 옮김. |

動搖 〔동요〕	同胞 〔동포〕	徒輩 〔도배〕	敦篤 〔돈독〕	爛熟 〔난숙〕	朗讀 〔낭독〕
力 9 · 手 10	口 3 · 肉 5	彳 7 · 車 8	攴 8 · 竹 10	火 17 · 灬 11	月 7 · 言 15
動 움직일 동 / 搖 흔들 요 / 한가지 동	同 한가지 동 / 胞 세포 포	徒 무리 도 / 輩 무리 배	敦 두터울 돈 / 篤 두터울 독	爛 난만할 란 / 熟 익을 숙	朗 밝을 랑 / 讀 읽을 독

① 움직이고 들림. ② 확고하지 못하고 흔들림.
① 한 형제. ② 한 겨레.
같은 무리 패.
인정이 두터움.
① 과실이 무르녹게 잘 익음. ② 충분히 성숙함.
소리를 내어 읽음.

掠奪 〔약탈〕		冷凍 〔냉동〕		諒解 〔양해〕		兩位 〔양위〕		廉恥 〔염치〕		鹿角 〔녹각〕	
扌8·大11		冫5·冫8		言8·角6		入6·亻5		广10·心6		鹿0·角0	
掠 노략질할 략	奪 빼앗을 탈	冷 찰 랭	凍 얼어붙을 동	諒 용서할 량	解 풀 해	兩 두 량	位 자리 위	廉 청렴할 렴	恥 부끄러울 치	鹿 사슴 록	角 뿔 각

폭력을 써서 강제로 빼앗음.	냉각시켜서 얼림.	사정을 살펴서 이해함.	① 두 내외분. ② 죽은 이의 부부.	부끄러움을 아는 마음.	사슴의 뿔.

弄絡 〔농락〕	料亭 〔요정〕	漏濕 〔누습〕	屢次 〔누차〕	隆盛 〔융성〕	類似 〔유사〕
艹 4 · 糸 6	斗 6 · 亠 7	氵 11 · 氵 14	尸 11 · 欠 2	阝 9 · 皿 7	頁 10 · 亻 5
弄(희롱할 롱) 絡(연락할 락)	料(헤아릴 료) 亭(정자 정)	漏(샐 루) 濕(젖을 습)	屢(여러 루) 次(차례 차)	隆(높을 륭) 盛(성할 성)	類(종류 류) 似(닮을 사)

남을 자기 수중에 넣어 놀림.	요릿집.	습기가 새어 나옴.	① 여러 차례. 여러 번. 수차. ② 때때로.	번영함. 힘이 성한 것.	서로 비슷함.

忘却〔망각〕	買収〔매수〕	麻浦〔마포〕	茫漠〔망막〕	罔測〔망측〕	媒介〔매개〕
心3·口5	貝5·攵2	麻0·氵7	⺾6·氵11	冂3·氵9	女9·人2
忘却	買収	麻浦	茫漠	罔測	媒介
잊을 망 / 물리칠 각	살 매 / 거둘 수	삼 마 / 물가 포	아득할 망 / 사막 막	없을 망 / 측량할 측	중매 매 / 낄 개

잊어버림.	① 사들임. ② 남의 마음을 사는 것.	서울특별시의 한 행정 구역.	① 넓고 멂. ② 뚜렷한 구별이 없음.	이치에 맞지 않아 헤아릴 수 없음.	①중간에서 관계를 맺어줌. ②옮김.

冥府 〔명부〕	每回 〔매회〕	猛烈 〔맹렬〕	盲點 〔맹점〕	綿絲 〔면사〕	滅裂 〔멸렬〕
冖 8・广 5	毋 3・口 3	犭 8・灬 6	目 3・黑 5	糸 8・糸 6	氵 10・衣 6
冥府	每回	猛烈	盲點	綿絲	滅裂
어두울 명 / 마을 부	매양 매 / 돌아올 회	사나울 맹 / 매울 렬	소경 맹 / 점 점	솜 면 / 실 사	다할 멸 / 찢을 렬
저승.	한 회마다. 매번.	기세가 몹시 사납고 세참.	미처 알아차리지 못한 허점.	무명실.	파괴되어 형체조차 없어짐.

謀叛 [모반]		模倣 [모방]		勿驚 [물경]		微妙 [미묘]		拍掌 [박장]		反射 [반사]	
言 9 · 又 7		木 11 · 亻 8		勹 2 · 馬 13		彳 10 · 女 4		扌 5 · 手 8		又 2 · 寸 7	
謀	叛	模	倣	勿	驚	微	妙	拍	掌	反	射
꾀할 모	배반할 반	법 모	본받을 방	말 물	놀랄 경	작을 미	묘할 묘	손벽칠 박	손바닥 장	돌이킬 반	쏠 사

반역(叛逆)을 꾀함.	본받음. 흉내냄.	놀라지 말지어다. 놀랍게도.	자세하고 깊이 있어 잘 되어 있음.	손바닥의 힘.	빛이나 소리의 결이 되쏘임.

方策 〔방책〕	妨害 〔방해〕	倍加 〔배가〕	伯仲 〔백중〕	返還 〔반환〕	芳志 〔방지〕
方 0 · 竹 6	女 4 · 宀 7	亻 8 · 力 3	亻 5 · 亻 4	辶 4 · 辶 13	艹 4 · 心 3
方策	妨害	倍加	伯仲	返還	芳志
모 방 / 책 책	해로울 방 / 해할 해	곱 배 / 더할 가	맏 백 / 버금 중	돌아올 반 / 돌아올 환	꽃다울 방 / 뜻 지
方策	妨害	倍加	伯仲	返還	芳志
방법과 꾀.	남의 일에 헤살을 놓아 해를 끼침.	갑절을 더함.	① 맏형과 그 다음. ② 서로 우열이 없음.	도로 돌려 보냄.	남의 친절한 마음씨.

範圍 〔범위〕		補充 〔보충〕		繁昌 〔번창〕		凡庸 〔범용〕		變遷 〔변천〕		竝用 〔병용〕	
竹 9 · 囗 9		衤 7 · 儿 4		糸 11 · 日 4		儿 1 · 广 8		言 16 · 辶 12		立 5 · 用 0	
範	圍	補	充	繁	昌	凡	庸	變	遷	竝	用
법 범	둘레 위	기울 보	가득할 충	번잡할 번	창성할 창	무릇 범	떳떳할 용	변할 변	옮길 천	아우를 병	쓸 용

제한된 둘레의 언저리. 테두리.	모자람을 보태어 채움.	나라나 집안이 번영함.	평범하고 용렬함.	변하여 바뀜. 옮겨서 달라짐.	아울러 같이 씀.

附隨 [부수]	副題 [부제]	普遍 [보편]	復舊 [복구]	複寫 [복사]	伏臥 [복와]
阝5 · 阝13	刂9 · 頁9	日8 · 辶9	彳9 · 臼12	衤9 · 宀12	亻4 · 臣2
附隨	副題	普遍	復舊	複寫	伏臥
부칠 부 / 따를 수	버금 부 / 제목 제	넓을 보 / 두루 편	거듭할 복 / 옛 구	겹될 복 / 베낄 사	엎드릴 복 / 누울 와
붙좇음. 따라감.	주된 제목에 덧붙이는 제목.	두루 널리 미치거나 통함.	그 전의 상태로 회복함.	한 번 베낀 것을 거듭 베낌.	엎드려 누움.

負擔 [부담]	奔忙 [분망]	符號 [부호]	分析 [분석]	奮鬪 [분투]	崩壞 [붕괴]
貝2 · 扌13	大6 · 忄3	竹5 · 虍7	刀2 · 木4	大13 · 鬥10	山8 · 土16
負擔	奔忙	符號	分析	奮鬪	崩壞
짐질 부 / 멜 담	분주할 분 / 바쁠 망	병부 부 / 부를 호	나눌 분 / 나눌 석	떨칠 분 / 싸울 투	무너질 붕 / 무너뜨릴 괴
①짐을 짐.②일을 책임짐.	매우 바쁨.	따로 정하여 쓰는 특별한 기호	나눠서 가름.	분발하여 힘껏 싸움.	허물어져 무너짐. 붕궤. 붕퇴.

粉末 〔분말〕	比較 〔비교〕	卑賤 〔비천〕	備置 〔비치〕	非行 〔비행〕	祕話 〔비화〕
米4·木1	比0·車6	十6·貝8	亻10·罒8	非0·行0	禾5·言6
粉末	比較	卑賤	備置	非行	秘話
가루 분 / 끝 말	견줄 비 / 비교할 교	낮을 비 / 천할 천	갖출 비 / 둘 치	아닐 비 / 갈 행	숨길 비 / 말할 화
가루.	서로 견주어 봄.	신분이 낮고 천함. 비미.	갖추어 마련해 둠.	그릇된 것. 나쁜 짓.	숨은 이야기.

辭典 〔사전〕	頻數 〔빈삭〕	邪鬼 〔사귀〕	使役 〔사역〕	削減 〔삭감〕	私的 〔사적〕
辛12·八6	頁7·攵11	阝4·鬼0	亻6·彳4	刂7·氵9	禾2·白3
辭典	頻數	邪鬼	使役	削減	私的
말씀 사 / 법전 전	자주 빈 / 자주 삭	간사할 사 / 귀신 귀	부릴 사 / 역사 역	깎을 삭 / 덜 감	사사 사 / 과녁 적
낱말의 뜻을 풀어 적은 책.	잇달아 잦음. 매우 잦음.	못된 귀신.	일을 시킴. 남을 부리어 시킴.	깎아서 줄임.	개인에 관계되는 것.

祥兆 〔상조〕	相互 〔상호〕	色彩 〔색채〕	庶幾 〔서기〕	散漫 〔산만〕	雙拳 〔쌍권〕
示6・儿4	目4・二2	色0・彡8	广8・幺9	攴8・氵11	隹10・手6
상서로울 상 / 억조 조	서로 상 / 서로 호	빛 색 / 광채 채	여러 서 / 몇 기	흩을 산 / 마음대로만	짝 쌍 / 주먹 권
좋은 일이 있을 징조.	피차가 서로.	① 빛깔. ② 빛깔과 문채.	① 가까움. ② 바람. 희망함.	흩어져서 어수선함.	두 주먹.

徐緩 〔서완〕	仙境 〔선경〕	鮮明 〔선명〕	宣布 〔선포〕	歲暮 〔세모〕	所感 〔소감〕
彳7・糸9	亻3・土11	魚6・日4	宀6・巾2	止9・日11	戶4・心9
천천한 서 / 늦을 완	신선 선 / 지경 경	생선 선 / 밝을 명	베풀 선 / 베 포	해 세 / 저물 모	바 소 / 느낄 감
① 천천히 ② 진행이 느림.	속세를 떠난 깨끗한 곳.	산뜻하고 밝음. 조출하고 깨끗함.	세상에 널리 알림.	한해가 저물 무렵.	느낀 바 생각.

消火 〔소화〕	速斷 〔속단〕	騷亂 〔소란〕	昭詳 〔소상〕	笑語 〔소어〕	疎忽 〔소홀〕
氵7・火 0	辶7・斤 14	馬 10・乙 12	日 5・言 6	竹 4・言 7	疋 7・心 4
消火	速斷	騷亂	昭詳	笑語	疎忽
사라질 소 / 불 화	빠를 속 / 끊을 단	시끄러울 소 / 어지러울 란	밝을 소 / 상세할 상	웃음 소 / 말 어	성길 소 / 문득 홀
불을 끔. 화재를 진압함.	지레짐작으로 그 옳고 그름을 판단하거나 결정함.	시끄럽고 어수선함.	분명하고 자세함.	① 우스운 이야기. ② 웃으며 말함.	대수롭지 아니하고 예사임.

受領 〔수령〕	授與 〔수여〕	孰若 〔숙약〕	瞬間 〔순간〕	衰殘 〔쇠잔〕	首肯 〔수긍〕
又 6・頁 5	扌8・臼 7	子 8・艹 5	目 12・門 4	衣 4・歹 8	首 0・肉 4
受領	授與	孰若	瞬間	衰殘	首肯
받을 수 / 거느릴 령	줄 수 / 줄 여	누구 숙 / 같을 약	눈깜짝할 순 / 사이 간	쇠할 쇠 / 남을 잔	머리 수 / 즐길 긍
돈이나 물건을 받아들임.	증서・상장 따위를 줌.	양쪽을 비교해서 묻는 의문사.	잠깐 동안.	① 쇠하여 없어짐. ② 영락함.	그러하다고 인정함. 동의함.

旬刊 〔순간〕	宿泊 〔숙박〕	順番 〔순번〕	循環 〔순환〕	崇尙 〔숭상〕	食堂 〔식당〕
日2·刂3	宀8·氵5	頁3·田7	彳9·王13	山8·小5	食0·土8
旬 刊	宿 泊	順 番	循 環	崇 尙	食 堂
열흘 순 / 책펴낼 간	잘 숙 / 쉴 박	순할 순 / 번수 번	돌 순 / 둘릴 환	높을 숭 / 오히려 상	밥 식 / 집 당

열흘마다 한 번씩 발행함. | 여관 따위에 잠을 자고 머무름. | 차례대로 갈아드는 번 차례. | 쉬지 않고 연해 돎. | 공경하여 높임. | 식사를 하도록 설비한 방.

晨旦 〔신단〕	失脚 〔실각〕	實踐 〔실천〕	暗誦 〔암송〕	厄難 〔액난〕	壓倒 〔압도〕
日7·日1	大2·肉7	宀11·足8	日9·言7	厂2·隹11	土14·亻8
晨 旦	失 脚	實 踐	暗 誦	厄 難	壓 倒
새벽 신 / 아침 단	잃을 실 / 다리 각	열매 실 / 밟을 천	어두울 암 / 외울 송	재앙 액 / 어려울 난	누를 압 / 넘어질 도

아침. | ①지위를 잃음. ②발의 헛디딤. | 실제로 행함. | 책을 보지 아니하고 글을 욈. | 재앙과 어려움. | 상대방을 눌러 굴복시킴.

余予 〔여여〕	餘韻 〔여운〕	樣狀 〔양상〕	漁船 〔어선〕	於焉 〔어언〕	嚴肅 〔엄숙〕
人 5 · 亅 3	食 7 · 音 10	木 11 · 犬 4	氵 11 · 舟 5	方 4 · 灬 7	口 17 · 聿 7
余 / 予	餘 / 韻	樣 / 狀	漁 / 船	於 / 焉	嚴 / 肅
나 여 / 나 여	남을 여 / 운 운	모양 양 / 형상 상	잡을고기 어 / 배 선	어조사 어 / 어조사 언	엄할 엄 / 엄숙할 숙
나(余는 나, 子도 나).	남은 운치.	모양과 상태.	고기잡이 배.	어느덧. 알지 못하는 사이.	장엄하고 정숙함.

年始 〔연시〕	燃燒 〔연소〕	軟弱 〔연약〕	榮譽 〔영예〕	魚貝 〔어패〕	亦是 〔역시〕
干 3 · 女 5	火 12 · 火 12	車 4 · 弓 7	木 10 · 言 14	魚 0 · 貝 0	亠 4 · 日 5
年 / 始	燃 / 燒	軟 / 弱	榮 / 譽	魚 / 貝	亦 / 是
해 년 / 비로소 시	불탈 연 / 불붙을 소	연할 연 / 약할 약	영화 영 / 명예 예	물고기 어 / 조개 패	또 역 / 이 시
설. 일년의 시작.	불이 붙어 탐.	부드럽고 약함. 몸과 마음이 잔약함.	빛나는 명예.	물고기와 조개.	또한. 역.

緣由 〔연유〕	硯滴 〔연적〕	鹽飯 〔염반〕	永續 〔영속〕	影響 〔영향〕	銳敏 〔예민〕
糸9・田0	石7・氵11	鹵13・食4	水1・糸15	彡7・音13	金7・攵7
緣由	硯滴	鹽飯	永續	影響	銳敏
인연 연 / 말미암을 유	벼루 연 / 물방울 적	소금 염 / 밥 반	길 영 / 이을 속	그림자 영 / 울릴 향	날카로울 예 / 민첩할 민
까닭. 사유. 관계.	벼루에 쓸 물을 담아 두는 그릇.	찬 없는 밥. 소금밥.	오랫 계속하는 것.	다른 사물에 작용이 미치는 일.	날카롭고 민첩함.

吾汝 〔오여〕	玉笛 〔옥적〕	完遂 〔완수〕	容貌 〔용모〕	傲慢 〔오만〕	娛樂 〔오락〕
口4・氵3	玉0・竹5	宀4・辶9	宀7・豸7	亻11・忄11	女7・木11
吾汝	玉笛	完遂	容貌	傲慢	娛樂
나 오 / 너 여	구슬 옥 / 피리 적	완전할 완 / 드디어 수	얼굴 용 / 모양 모	거만할 오 / 거만할 만	즐거울 오 / 풍류 락
나와 너.	옥으로 만든 피리.	뜻한 바를 완전히 이룸.	얼굴 모양.	태도가 방자함.	즐겨 노는 놀이.

又況 〔우황〕	云謂 〔운위〕	遙拜 〔요배〕	尤甚 〔우심〕	偶然 〔우연〕	羽翼 〔우익〕
又0・辶5	二2・言9	辶10・手5	尤1・甘4	亻9・灬8	羽0・羽12
又況	云謂	遙拜	尤甚	偶然	羽翼
또 우 / 하물며 황	이를 운 / 이를 위	멀 요 / 절 배	더욱 우 / 심할 심	짝 우 / 그러할 연	깃 우 / 날개 익
하물며.	일러 말함.	먼 곳에서 바라보며 절함.	더욱 심함.	뜻하지 않는 일.	① 새의 날개. ② 보좌하는 일.

遠郊 〔원교〕	元素 〔원소〕	越朔 〔월삭〕	違背 〔위배〕	偉績 〔위적〕	危險 〔위험〕
辶10・阝6	儿2・糸4	走5・月6	辶9・肉5	亻9・糸11	卩4・阝13
遠郊	元素	越朔	違背	偉績	危險
멀 원 / 들 교	어뜸 원 / 흴 소	넘을 월 / 초하루 삭	어길 위 / 등 배	위대할 위 / 길쌈 적	위태할 위 / 험할 험
도회에서 먼 마을이나 들.	물체의 성분을 형성하는 근본.	산월(産月)을 넘김.	법률이나 약속 등을 어김.	뛰어난 업적.	위태함. 안전하지 못함.

幼稚 〔유치〕	維持 〔유지〕	威脅 〔위협〕	悠久 〔유구〕	乳糖 〔유당〕	唯我 〔유아〕
幺2・禾8	糸8・扌6	女6・肉6	心7・丿2	乙7・米10	口8・戈3
幼 稚	維 持	威 脅	悠 久	乳 糖	唯 我
어릴 유 / 어릴 치	맬 유 / 가질 지	위엄 위 / 위협할 협	멜 유 / 오랠 구	젖 유 / 사탕 당	오직 유 / 나 아
나이가 어림. 미숙함.	지탱하여 나아 감.	위력으로 으르 고 협박함.	연대가 아득히 오래 됨.	젖속에 포함된 성분의 하나.	오직 자기 뿐 임.

誘惑 〔유혹〕	意見 〔의견〕	隱逸 〔은일〕	衣裳 〔의상〕	有限 〔유한〕	幽玄 〔유현〕
言7・心8	心9・見0	阝14・辶8	衣0・衣8	月2・阝6	幺6・玄0
誘 惑	意 見	隱 逸	衣 裳	有 限	幽 玄
꾈 유 / 미혹할 혹	뜻 의 / 볼 견	숨을 은 / 숨을 일	옷 의 / 치마 상	있을 유 / 한정한 한	깊을 유 / 검을 현
남을 꾀어 나 쁜 길로 끌어 넣 음.	자기의 생각.	세상을 피해서 삶.	의복・저고리와 치마.	끝이 있음. 한 이 있음.	깊고 미묘함. 이 치가 심원함.

已矣 〔이의〕	移轉 〔이전〕	忍耐 〔인내〕	印刷 〔인쇄〕	儀態 〔의태〕	異例 〔이례〕
已 0 · 矢 2	禾 6 · 車 11	心 3 · 而 3	卩 4 · 刂 6	亻 13 · 心 10	田 6 · 亻 6
已矣	移轉	忍耐	印刷	儀態	異例
이미 이 / 어조사의	옮길 이 / 구를 전	참을 인 / 견딜 내	도장 인 / 긁을 쇄	거동 의 / 태도 태	다를 이 / 법식 례
~할 따름임.	① 장소나 주소를 옮김. ② 넘겨주거나 넘겨 받음.	참고 견딤.	활자로 판을 짜서 박는 일.	몸을 가지는 태도.	보통의 예를 어김.

字句 〔자구〕	紫檀 〔자단〕	茲而 〔자이〕	昨曉 〔작효〕	姿勢 〔자세〕	恣欲 〔자욕〕
子 3 · 口 2	糸 5 · 木 13	玄 5 · 而 0	日 5 · 日 12	女 6 · 力 11	心 6 · 欠 7
字句	紫檀	茲而	昨曉	姿勢	恣欲
글자 자 / 글귀 구	자주빛 자 / 박달나무 단	이 자 / 말이을 이	어제 작 / 새벽 효	태도 자 / 권세 세	방자할 자 / 욕심 욕
글자와 글귀.	콩과에 딸린 상록 교목.	이에.	어제 새벽.	몸가지는 모양과 태도.	제 멋대로 탐냄.

暫逢 〔잠봉〕	潛水 〔잠수〕	將帥 〔장수〕	壯途 〔장도〕	酌杯 〔작배〕	墻壁 〔장벽〕
日 11 · 辶 7	氵 12 · 水 0	寸 8 · 巾 6	士 4 · 辶 7	酉 3 · 木 4	土 13 · 土 13
잠깐 잠 / 만날 봉	잠길 잠 / 물 수	장차 장 / 장수 수	장할 장 / 길 도	잔질할 작 / 잔 배	담 장 / 바람벽 벽
잠시 서로 만남.	물 속에 잠겨 들어감.	전군(全軍)을 거느리는 우두머리	중대한 사명을 띠고 떠나는 길.	술잔에 술을 따름.	담과 바람벽.

財寶 〔재보〕	著名 〔저명〕	低俗 〔저속〕	貯藏 〔저장〕	抵觸 〔저촉〕	適宜 〔적의〕
貝 3 · 宀 17	艹 9 · 口 3	亻 5 · 亻 7	貝 5 · 艹 14	扌 5 · 角 13	辶 11 · 宀 5
재물 재 / 보배 보	나타낼 저 / 이름 명	낮을 저 / 풍속 속	쌓을 저 / 감출 장	막을 저 / 닿을 촉	마땅할 적 / 마땅할 의
재물과 보배.	이름이 드러남.	품위가 낮고 속됨.	쌓아서 간직하여 둠.	①부딪침. 서로 스쳐감. ②위반되거나 거슬림.	걸맞아 하기에 마땅함.

全卷 〔전권〕	錢糧 〔전량〕	專門 〔전문〕	折半 〔절반〕	程度 〔정도〕	除幕 〔제막〕
人4・卩6	金8・米12	寸8・門0	扌4・十3	禾7・广6	阝7・巾11

| 全 온전할 전 | 卷 책권 권 | 錢 돈 전 | 糧 양식 량 | 專 오로지 전 | 門 문 문 | 折 꺾을 절 | 半 반 반 | 程 과정 정 | 度 법도 도 | 除 버릴 제 | 幕 휘장 막 |

한 권의 책의 전부. | 돈이나 곡식. | 한 가지 일에 오로지 함. | 둘로 나눔. 2등분. | ① 알맞는 한도. ② 얼마의 분량. | 덮은 막을 걷어 냄.

際涯 〔제애〕	調査 〔조사〕	諸般 〔제반〕	堤防 〔제방〕	祭床 〔제상〕	齊唱 〔제창〕
阝11・氵8	言8・木5	言9・舟4	土9・阝4	示6・广4	齊0・口8

| 際 즈음 제 | 涯 물가 애 | 調 고를 조 | 査 사실할 사 | 諸 모든 제 | 般 일반 반 | 堤 둑 제 | 防 방비할 방 | 祭 제사 제 | 床 평상 상 | 齊 가지런할 제 | 唱 노래부를 창 |

끝. 한(限). | 실정을 살펴 알 아봄. | 여러 가지 일. | 둑. 방축. | 제사 때 제물을 벌이어 놓는 상. | 여러 사람이 함께 노래 부름.

走狗 〔주구〕	注視 〔주시〕	操縱 〔조종〕	存在 〔존재〕	尊稱 〔존칭〕	終了 〔종료〕
走 0 · 犭5	氵5 · 見 5	扌13 · 糸11	子 3 · 土 3	寸 9 · 禾 9	糸 5 · 亅1

走 달아날 주	狗 개 구	注 물댈 주	視 볼 시	操 지조 조	縱 세로 종	存 있을 존	在 있을 재	尊 높을 존	稱 일컬을 칭	終 마칠 종	了 마칠 료

① 남의 앞잡이 노릇하는 사람. ② 사냥개. | 한 곳을 주의해서 바라봄. | 마음대로 다루어 부림. | 실재로 있음. | 높이어 부르는 칭호. | 일을 끝냄.

中央 〔중앙〕	重責 〔중책〕	增訂 〔증정〕	朱雀 〔주작〕	周遊 〔주유〕	俊才 〔준재〕
ㅣ 3 · 大 2	里 2 · 貝 4	土12 · 言 2	木 2 · 隹 3	口 5 · 辶 9	亻7 · 扌0

中 가운데 중	央 가운데 앙	重 무거울 중	責 꾸짖을 책	增 더할 증	訂 고칠 정	朱 붉을 주	雀 참새 작	周 두루 주	遊 놀 유	俊 준걸 준	才 재주 재

한가운데. | ① 몹시 중대한 책임. ② 엄하게 책망함. | 저서에 미비한 것을 고치고 보탬. | 사신수(四神獸)의 하나. | 두루 돌아 다니며 유람함. | 재주가 뛰어난 사람.

遲延 〔지연〕	珍味 〔진미〕	進步 〔진보〕	振幅 〔진폭〕	錯誤 〔착오〕	暢茂 〔창무〕
辶 12 · 廴 4	王 5 · 口 5	辶 8 · 止 3	扌 9 · 巾 3	金 8 · 言 7	日 10 · 艹 5
遲延	珍味	進步	振幅	錯誤	暢茂
더딜지 / 끌연	보배진 / 맛미	나아갈진 / 걸음보	떨칠진 / 폭폭	섞일착 / 그르칠오	화창할창 / 무성할무

늦어짐. 더디게 끌어감.
①색 좋은 맛. ②진기한 요리.
차차 발달하여 나아감.
소리의 진동하는 너비.
잘못. 실수. 과실.
풀과 나무가 우거져 성함.

泉井 〔천정〕	請託 〔청탁〕	採擇 〔채택〕	超過 〔초과〕	悽慘 〔처참〕	薦拔 〔천발〕
水 5 · 二 2	言 8 · 言 3	扌 8 · 扌 13	走 5 · 辶 9	忄 8 · 忄 11	艹 13 · 扌 5
泉井	請託	採擇	超過	悽慘	薦拔
샘천 / 우물정	청할청 / 부탁할탁	캘채 / 가릴택	넘을초 / 지날과	슬퍼할처 / 슬플참	천거할천 / 뺄발

샘과 우물.
청원하여 부탁함.
골라서 뽑음.
사물의 한도를 넘어섬.
구슬프고 참혹함.
인재를 뽑아 냄.

醜辱 [추욕]	推獎 [추장]	催促 [최촉]	最近 [최근]	燭淚 [촉루]	招聘 [초빙]
酉10·辰3	扌8·大11	亻11·亻7	日8·辶4	火13·氵8	扌5·耳7
醜 辱	推 獎	催 促	最 近	燭 淚	招 聘
더러울 추 / 욕될 욕	밀 추 / 권면할 장	재촉할 최 / 재촉할 촉	가장 최 / 가까울 근	촛불 촉 / 눈물 루	부를 초 / 부를 빙
더럽고 잡된 욕지거리.	남을 떠받들어 칭찬함.	빨리 하도록 재촉.	요사이. 근래.	초가 탈 때 녹아서 흘러 엉키는 것.	예를 두터이 하여 불러 맞아들임.

趣向 [취향]	側徑 [측경]	築港 [축항]	出版 [출판]	衝突 [충돌]	就航 [취항]
走8·口3	亻9·彳7	竹10·氵9	凵3·片4	彳9·穴4	尤9·舟4
趣 向	側 徑	築 港	出 版	衝 突	就 航
취미 취 / 향할 향	곁 측 / 지름길 경	쌓을 축 / 항구 항	날 출 / 판목 판	찌를 충 / 부딪칠 돌	이룰 취 / 배 항
취미의 방향.	①옆길. ②좁은 언덕길.	항구를 쌓음.	책을 인쇄하여 펴냄.	서로 부딪치는 것.	항해하기 위하여 배가 떠남.

妥協 [타협] — 女4·十6
두 편이 서로 좋도록 합의함.

歎息 [탄식] — 欠11·心6
한숨을 쉬며 한탄함.

漆黑 [칠흑] — 氵11·黑0
옻처럼 검음.

枕屏 [침병] — 木4·尸8
머릿병풍 가래개.

浸潤 [침윤] — 氵7·氵12
점점 침범하여 넓어짐.

針尖 [침첨] — 金2·小3
바늘의 끝. 침의 끝.

殆哉 [태재] — 歹5·口6
몹시 위태로움.

吐露 [토로] — 口3·雨12
속 마음을 드러내어 말함.

統率 [통솔] — 糸6·玄6
온통 몰아 거느림.

透徹 [투철] — 辶7·彳12
꿰뚫어 통함.

貪汚 [탐오] — 貝4·氵3
욕심이 많고 마음이 더러움.

泰平 [태평] — 水5·干2
세상이 잘 다스려짐.

快晴 〔쾌청〕	派遣 〔파견〕	敗因 〔패인〕	片舟 〔편주〕	偏頗 〔편파〕	閉鎖 〔폐쇄〕
忄4・日8	氵6・辶10	攵7・口3	片0・舟0	亻9・頁5	門3・金10
快 晴	派 遣	敗 因	片 舟	偏 頗	閉 鎖
쾌할 쾌 / 갤 청	물갈래 파 / 보낼 견	패할 패 / 인할 인	조각 편 / 배 주	치우칠 편 / 치우칠 파	닫을 폐 / 쇠사슬 쇄
하늘이 상쾌하게 갬.	임무를 띠게 하여 사람을 보냄.	싸움에 패한 원인.	조각배.	한 쪽에 치우쳐 불공평함.	굳게 닫음. 기능을 정지함.

飽腹 〔포복〕	捕捉 〔포착〕	標識 〔표지〕	品詞 〔품사〕	廢棄 〔폐기〕	蔽塞 〔폐색〕
食5・肉9	扌7・扌7	木11・言12	口6・言5	广12・木8	艹12・土10
飽 腹	捕 捉	標 識	品 詞	廢 棄	蔽 塞
배부를 포 / 배 복	사로잡을 포 / 잡을 착	표 표 / 기록할 지	품수 품 / 말 사	폐할 폐 / 버릴 기	가릴 폐 / 막을 색
배에 꽉 차도록 먹음.	꼭 붙잡음. 요점. 요령을 얻음.	사물을 표하기 위한 기록.	말을 기능에 따라 분류한 종류.	① 폐지하여 버림. ② 효력을 잃게 함.	가리어 막음.

必須 〔필수〕	匹敵 〔필적〕	閑暇 〔한가〕	汗顔 〔한안〕	疲弊 〔피폐〕	畢竟 〔필경〕
心1·頁3	匚2·女11	門4·日9	氵3·頁9	疒5·廾12	田6·立6
必 須	匹 敵	閑 暇	汗 顔	疲 弊	畢 竟
반드시 필 / 모름지기 수	짝 필 / 대적할 적	한가할 한 / 겨를 가	땀 한 / 얼굴 안	피곤할 피 / 폐단 폐	마칠 필 / 마침내 경
반드시 없어서는 안 됨.	우열이 없는 적수.	조용하고 틈이 있는 것.	부끄러워 얼굴에 땀이 나는 것.	피로하고 약해짐.	마침내. 결국에는.

巷談 〔항담〕	恒時 〔항시〕	陷沒 〔함몰〕	咸池 〔함지〕	含蓄 〔함축〕	抗拒 〔항거〕
己6·言8	忄6·日6	阝8·氵4	口6·氵3	口4·艹10	扌4·扌5
巷 談	恒 時	陷 沒	咸 池	含 蓄	抗 拒
거리 항 / 이야기할 담	떳떳할 항 / 때 시	빠질 함 / 빠질 몰	다 함 / 못 지	머금을 함 / 쌓을 축	대항할 항 / 맞설 거
세상의 풍설.	보통 때. 늘.	떨어짐. 빠짐.	전설에 해가 진다는 큰 못.	깊은 뜻을 간직함.	맞서서 대항함.

現代 〔현대〕	該當 〔해당〕	核酸 〔핵산〕	香臭 〔향취〕	許諾 〔허락〕	虛費 〔허비〕
王7·亻3	言6·田8	木6·酉7	香0·自4	言4·言9	虍6·貝5
나타날 현 / 대신할 대	그 해 / 마땅할 당	씨 핵 / 실산 산	향기 향 / 냄새 취	허락할 허 / 허락할 낙	빌 허 / 허비할 비
지금의 이 시대.	바로 들어맞음.	유기산(有機酸)의 한 군(群).	① 향기. ② 향기와 악취.	청하고 바라는 바를 들어 줌.	헛되게 써서 없앰.

或曰 〔혹왈〕	昏迷 〔혼미〕	惠澤 〔혜택〕	好言 〔호언〕	懸殊 〔현수〕	顯揚 〔현양〕
戈4·曰0	日4·辶6	心8·氵13	女3·言0	心16·歹6	頁14·扌9
혹 혹 / 가로되 왈	어두울 혼 / 미혹할 미	은혜 혜 / 못 택	좋을 호 / 말씀 언	달릴 현 / 다를 수	나타날 현 / 날릴 양
어떤 사람이 말하기를.	사리에 어둡고 마음이 흐리멍텅함.	은혜와 덕택.	친절하고 좋게 하는 말.	아주 다름. 큰 차이가 있음.	이름과 지위가 세상에 드러남.

歡迎 〔환영〕	確認 〔확인〕	化粧 〔화장〕	洪荒 〔홍황〕	弘益 〔홍익〕	混濁 〔혼탁〕
欠 18 · 辶 4	石 10 · 言 7	匕 2 · 米 6	氵 6 · 艹 6	弓 2 · 皿 5	氵 8 · 氵 13
기뻐할 환 / 맞을 영	확실할 확 / 인정할 인	화할 화 / 단장할 장	넓을 홍 / 거칠 황	클 홍 / 더할 익	덩어리 혼 / 흐릴 탁
호의를 표하여 즐거이 맞음.	확실하게 인정함.	분·연지 따위로 얼굴을 곱게 꾸밈.	끝없이 넓고 큰 모양.	① 큰 이익. ② 널리 이롭게 함.	더러운 것이 섞이어 탁함.

毁損 〔훼손〕	揮毫 〔휘호〕	厚謝 〔후사〕	橫暴 〔횡포〕	獲得 〔획득〕	灰盡 〔회진〕
殳 9 · 扌 10	扌 9 · 毛 7	厂 7 · 言 10	木 12 · 日 11	犭 14 · 彳 8	火 2 · 皿 9
헐 훼 / 상할 손	떨칠 휘 / 가는털 호	두터울 후 / 사례할 사	가로 횡 / 사나울 포	얻을 획 / 얻을 득	재 회 / 다할 진
① 헐어서 못 쓰게 함. ② 체면·명예를 손상함.	붓을 휘둘러 글씨를 쓰거나 그림을 그림.	후한 사례.	제 멋대로 굴며 난폭함.	얻어 가짐.	송두리째 타 버림.

希望 〔희망〕	稀薄 〔희박〕	噫嗚 〔억오〕	戲筆 〔희필〕	紅蓮 〔홍련〕	休憩 〔휴게〕
巾 4 · 月 7	禾 7 · 艹 13	口 13 · 口 10	戈 13 · 竹 6	糸 3 · 艹 11	亻 4 · 心 12
希望	稀薄	噫嗚	戲筆	紅蓮	休憩
바랄 희 / 바랄 망	적을 희 / 엷을 박	슬픈 억 / 탄식할 오	희롱할 희 / 붓 필	붉을 홍 / 연 련	쉴 휴 / 쉴 게

앞일에 대한 소원.
① 정신 상태가 약함. ② 기체·액체의 밀도가 얕음.
슬퍼 마음 괴로워 하는 모양.
자기의 글씨나 그림을 낮추는 말.
붉은 연꽃.
일의 도중에서 잠시 쉼.

兮耶 〔혜야〕	乎也 〔호야〕	曾奈 〔증내〕	于弗 〔우불〕	豈奚 〔기해〕	雖嘗 〔수상〕
八 2 · 耳 3	丿 4 · 乙 2	曰 8 · 大 5	二 1 · 弓 2	豆 3 · 大 7	隹 9 · 口 11
兮耶	乎也	曾奈	于弗	豈奚	雖嘗
어조사 혜 / 어조사 야	어조사 호 / 잇기 야	일찍 증 / 어찌 내	어조사 우 / 아니 불	어찌 기 / 어찌 해	비록 수 / 맛볼 상

兮-어귀에 붙어 어조를 도움. 耶-의문사.
乎-어조사. 의문사. 也-어조사.
曾-일찌기~. 奈-어찌할까.
于-어조사. 弗-① 부정하는 뜻 ② 달라.
豈-반어사(反語辭). 奚-의문 또는 반어사.
雖-비록~이더라도. 嘗-일찌기.

140

主要 故事·熟語

여기 수록된 故事·熟語 161句는 그 쓰임의 빈도가 높아 우리들의 언어 생활에서 뗄 수 없는 중요한 말들입니다.

앞에서 써 온 글씨체와 音·訓을 생각하면서 자기 스스로 써 봅시다.

苛斂誅求〔가렴주구〕	刻骨難忘〔각골난망〕
세금을 가혹하게 받아들이어 백성들을 못 살게 구는 일.	고마운 마음이 뼈속에 새겨져 잊혀지지 않는다는 말.
苛斂誅求	刻骨難忘

刻舟求劍〔각주구검〕	感之德知〔감지덕지〕	甘呑苦吐〔감탄고토〕
세상 일에 어둡고 어리석다는 뜻.	아주 고맙게 여기는 모양.	신의에 관계없이 이기주의적인 태도. 〈달면 삼키고 쓰면 뱉음.〉
刻舟求劍	感之德知	甘呑苦吐

甲男乙女〔갑남을녀〕	康衢煙月〔강구연월〕	江湖煙波〔강호연파〕
이름이 알려지지 않는 평범한 사람.	태평한 시대의 평화스러운 모습.	① 강이나 호수 위의 잔 물결. ② 대자연의 풍경.
甲男乙女	康衢煙月	江湖煙波

改過遷善 〔개과천선〕	去頭截尾 〔거두절미〕	隔靴搔癢 〔격화소양〕
지난날의 허물을 고치고 착하게 됨.	① 앞 뒤의 잔 사설을 빼고 요점만 말함. ② 머리와 꼬리를 잘라 버림.	일이 마음에 차지 아니함.〈신을 신고 발바닥 긁는 격.〉

改過遷善 去頭截尾 隔靴搔癢

牽強附會 〔견강부회〕	犬馬之勞 〔견마지로〕	見物生心 〔견물생심〕
이치에 맞지 않는 것을 억지로 끌어대어 맞춤.	① 자기의 노력을 낮추어 이르는 말 ② 임금이나 나라에 충성을 다함.	실물을 보면 욕심이 생긴다는 뜻.

牽強附會 犬馬之勞 見物生心

堅忍不拔 〔견인불발〕	結草報恩 〔결초보은〕	驚天動地 〔경천동지〕
참고 견디어 마음이 흔들리지 아니함.	죽어서까지라도 은혜를 잊지 않고 갚음.	세상을 몹시 놀라게 함.

堅忍不拔 結草報恩 驚天動地

股肱之臣 〔고굉지신〕	膏粱珍味 〔고량진미〕	孤掌難鳴 〔고장난명〕
팔다리와 같이 믿고 중히 여기는 신하.	기름진 고기와 좋은 곡식으로 만든 맛있는 음식.	맞서는 이가 없으면 싸움이 안됨.〈두 손바닥을 마주치지 않고서는 소리가 나지 않음.〉

股肱之臣 膏粱珍味 孤掌難鳴

苦盡甘來 〔고진감래〕	膏肓之疾 〔고황지질〕	骨肉相殘 〔골육상잔〕
고생 끝에 즐거움이 온다는 뜻.〈쓴 것이 다하면 단 것이 옴.〉	고황에 들어서 생긴 낫기 어려운 병.〈침이나 약으로 고치기 어려운 병.〉	혈족끼리 서로 싸움. 골육 상쟁.

苦盡甘來 膏肓之疾 骨肉相殘

管鮑之交 〔관포지교〕	膠柱鼓瑟 〔교주고슬〕	九曲肝腸 〔구곡간장〕
아주 친한 사이의 허물 없는 교제.	고지식하여 융통성이 전혀 없음.	굽이굽이 깊이 든 마음속.

管鮑之交 膠柱鼓瑟 九曲肝腸

狗尾續貂 〔구미속초〕	九死一生 〔구사일생〕	九十春光 〔구십춘광〕
훌륭한 것에 하찮은 것이 뒤를 이음.	썩 위험한 고비에서 생명을 보전해 냄.〈아홉 번 죽을 경지에서 겨우 살아 남.〉	봄의 석 달 동안.

狗尾續貂 九死一生 九十春光

九牛一毛 〔구우일모〕	九折羊腸 〔구절양장〕	九重深處 〔구중심처〕
썩 많은 것 가운데서 극히 적은 수.	일이나 앞길이 매우 험악함.	대궐 안 깊은 곳. 임금이 있는 대궐.

九牛一毛 九折羊腸 九重深處

群鷄一鶴 〔군계일학〕	窮鳥入懷 〔궁조입회〕	權謀術數 〔권모술수〕
변변치 못한 여러 사람 중에서 홀로 뛰어난 사람.〈많은 닭 가운데 한 마리의 학.〉	사람이 궁할 때에는 적한테도 의지함.〈쫓긴 새가 품 안에 날아 듦.〉	임시 변통의 지혜로 교묘하게 사람을 속이는 꾀.

群鷄一鶴 窮鳥入懷 權謀術數

勸善懲惡 〔권선징악〕	近墨者黑 〔근묵자흑〕	金科玉條 〔금과옥조〕
착한 행실은 권장하고 악한 행실은 징계함.	나쁜 사람과 있으면 그 버릇에 젖기 쉬움.〈먹물 가까이 있으면 검은 물이 묻기 쉬움.〉	금과 옥 같이 귀중한 법규나 규정.
勸善懲惡	近墨者黑	金科玉條

金蘭之契 〔금란지계〕	錦上添花 〔금상첨화〕	錦衣夜行 〔금의야행〕
친구 사이의 교분이 깊음.	잘 된 일 뒤에 더욱 잘 됨을 더함.	성공했어도 아무 보람이 없음.
金蘭之契	錦上添花	錦衣夜行

錦衣還鄕 〔금의환향〕	爛商公論 〔난상공론〕	難兄難弟 〔난형난제〕
성공하여 제 고향으로 돌아감.〈성공하여 비단 옷을 입고 고향으로 돌아감.〉	여러 사람이 자세하게 터놓고 의논함.	사물의 우열을 분간하기 어렵다는 말.
錦衣還鄕	爛商公論	難兄難弟

南柯一夢 〔남가일몽〕	內憂外患 〔내우외환〕	路柳墻花 〔노류장화〕
지나간 한 때의 헛된 부귀나 행복.	나라 안팎에서 일어나는 근심 걱정.	기생이나 접대부를 비유한 말.〈길가의 버들과 담 밑의 꽃.〉

南柯一夢 內憂外患 路柳墻花

弄假成眞 〔농가성진〕	弄瓦之慶 〔농와지경〕	弄璋之慶 〔농장지경〕
장난삼아 한 것이 진실과 같이 됨.	딸을 낳는 기쁨.	아들을 낳는 기쁨.

弄假成眞 弄瓦之慶 弄璋之慶

斷金之交 〔단금지교〕	單刀直入 〔단도직입〕	簞食瓢飮 〔단사표음〕
사귀는 정이 두터운 친구간의 교분.	여러 말을 아니하고 요점만을 곧바로 말하는 것.	청빈한 살림살이.〈도시락 밥과 표주박의 물.〉

斷金之交 單刀直入 簞食瓢飮

丹脣皓齒 〔단순호치〕	堂狗風月 〔당구풍월〕	大器晩成 〔대기만성〕
여자의 아름다운 얼굴.〈붉은 입술과 흰 이.〉	무식한 자라도 유식한 자와 같이 있으면 감화를 받음.〈서당개 3년에 풍월 읊는다.〉	크게 될 사람은 오랜 공적을 쌓아 늦게 이루어짐.〈큰 그릇을 만드는 데는 시간이 오래 걸림.〉

丹 脣 皓 齒 堂 狗 風 月 大 器 晩 成

塗炭之苦 〔도탄지고〕	同價紅裳 〔동가홍상〕	東問西答 〔동문서답〕
쓰라림을 당하는 백성의 고생.〈진흙 탕을 밟고 탄화에 떨어지는 고초.〉	같은 값이면 물품을 취함.〈같은 값이면 다홍치마.〉	물음에 대하여 전혀 모순된 대답을 하는 것.

塗 炭 之 苦 同 價 紅 裳 東 問 西 答

同病相憐 〔동병상련〕	東奔西走 〔동분서주〕	燈下不明 〔등하불명〕
처지가 비슷한 사람끼리 서로 동정함.〈같은 병자끼리 서로 가엾게 여김.〉	부산하게 이리저리 돌아 다님.	가까운 곳에 생긴 일을 먼 데 일보다 더 모름.〈등잔 밑이 어둡다.〉

同 病 相 憐 東 奔 西 走 燈 下 不 明

燈火可親 〔등화가친〕	馬耳東風 〔마이동풍〕	莫逆之友 〔막역지우〕
가을이 되어 서늘하면 밤에 등불을 가까이하여 글 읽기에 좋음.	남의 말을 귀담아 듣지 않음.	아주 가깝게 지내는 벗.

燈火可親 馬耳東風 莫逆之友

明若觀火 〔명약관화〕	毛骨竦然 〔모골송연〕	目不識丁 〔목불식정〕
불을 보듯 결과가 뻔함.	끔찍한 일을 당하여 전신에 소름이 끼침.	아주 무식함.〈낫 놓고 기역자도 모른다.〉

明若觀火 毛骨竦然 目不識丁

武陵桃源 〔무릉도원〕	刎頸之友 〔문경지우〕	門前成市 〔문전성시〕
이 세상을 떠난 별천지. 신선의 세계.	목이 떨어져도 한이 없을 만큼 친한 벗.	권세가 드날리거나 부자가 되어 집문앞이 방문객으로 시장을 이루듯 함.

武陵桃源 刎頸之交 門前成市

物外閑人 [물외한인]	拔本塞源 [발본색원]	傍若無人 [방약무인]
세상의 시끄러움을 피하여 한가하게 지내는 사람.	폐단의 근원을 뽑아 없애버림.	언행이 방자하고 함부로 꺼덕거림.

物外閑人 拔本塞源 傍若無人

背恩忘德 [배은망덕]	百年河淸 [백년하청]	百折不屈 [백절불굴]
은혜를 잊고 도리어 배반함.	아무리 기다려도 그 성공을 기대하기 어려움.	의지가 굳음.〈백번 꺾여도 굽히지 않음.〉

背恩忘德 百年河淸 百折不屈

伯仲之間 [백중지간]	粉骨碎身 [분골쇄신]	四顧無親 [사고무친]
서로 비슷하여 우열을 가릴 수 없는 것.	뼈가 가루가 되고 몸이 부서지도록 희생적으로 노력함.	의지할 친척 없이 아주 외로움.

伯仲之間 粉骨碎身 四顧無親

四面楚歌 〔사면초가〕	四面春風 〔사면춘풍〕	駟不及舌 〔사불급설〕
사면이 적병으로 둘러 쌓여 고립됨.	항상 좋은 얼굴로 누구에게나 호감을 산다는 말.	소문이 삽시간에 퍼짐.〈네 필이 끄는 마차라도 사람말의 빠름엔 따르지 못함.〉

四面楚歌　四面春風　駟不及舌

邪不犯正 〔사불범정〕	事必歸正 〔사필귀정〕	山戰水戰 〔산전수전〕
정의가 꿋꿋하여 변함이 없음.〈간사한 것이 정의를 범하지 못함.〉	무슨 일이든 결국은 옳은 데로 돌아감.	한 세상 살아가는 데 겪는 많은 경험.

邪不犯正　事必歸正　山戰水戰

塞翁之馬 〔새옹지마〕	雪上加霜 〔설상가상〕	束手無策 〔속수무책〕
세상의 길흉 화복이란 미리 알기 어려움.	불행한 일에 불행을 거듭 당함.〈눈 위에 또 서리가 덮임.〉	어찌할 도리가 없이 꼼작 못함.

塞翁之馬　雪上加霜　束手無策

首邱初心 〔수구초심〕	袖手傍觀 〔수수방관〕	水魚之交 〔수어지교〕
고향을 그리워 하는 마음.	일을 하지 않고 옆에서 보고만 있음.	떨어질 수 없이 아주 가까운 사이.
首邱初心	袖手傍觀	水魚之交

神出鬼沒 〔신출귀몰〕	阿鼻叫喚 〔아비규환〕	我田引水 〔아전인수〕
나타나고 숨는 변화가 많아 헤아릴 수 없음.〈귀신 같이 여기 번쩍 저기 번쩍함.〉	끊이지 않는 심한 고통으로 울부짖는 참상.	자기에게 유리하도록 행동함.〈제 논에 물 대기.〉
神出鬼沒	阿鼻叫喚	我田引水

眼下無人 〔안하무인〕	漁父之利 〔어부지리〕	五里霧中 〔오리무중〕
태도가 몹시 거만하여 남을 사람 같이 대하지 않음.	둘이 다투는 사이에 엉뚱한 제삼자가 이득을 봄.	일의 방향이나 갈피를 잡을 수 없음.
眼下無人	漁父之利	五里霧中

寤寐不忘 〔오매불망〕	烏飛梨落 〔오비이락〕	吳越同舟 〔오월동주〕
밤 낮으로 잊지 못함.	일이 공교롭게도 같이 일어나 의심을 받게 됨.〈까마귀 날자 배 떨어지기.〉	서로 적대되는 자가 같은 처지에 있게 되는 경우.
寤寐不忘	烏飛梨落	吳越同舟

溫故知新 〔온고지신〕	臥薪嘗膽 〔와신상담〕	龍頭蛇尾 〔용두사미〕
옛 것을 익히고 그것을 미루어 새로운 것을 앎.	원수를 갚으려고 고생을 참고 견딤.	처음엔 그럴듯 하다가 마지막엔 흐지부지함.〈용의 머리에 뱀의 꼬리.〉
溫故知新	臥薪嘗膽	龍頭蛇尾

唯我獨尊 〔유아독존〕	以心傳心 〔이심전심〕	因循姑息 〔인순고식〕
세상에서 자기 혼자 잘났다고 뽐내는 태도.	말이나 행동을 거치지 않고 마음과 마음이 서로 통함.	구습을 고치지 아니하고 목전의 편안함만 취함.
唯我獨尊	以心傳心	因循姑息

一望無際 〔일망무제〕	一網打盡 〔일망타진〕	一面如舊 〔일면여구〕
멀고 넓어서 끝이 없음.	한꺼번에 모조리 다 잡음.	처음 만났으나 옛 벗과 같이 친해짐.
一望無際	一網打盡	一面如舊

一瀉千里 〔일사천리〕	一場春夢 〔일장춘몽〕	日就月將 〔일취월장〕
조금도 거침 없이 진행됨.	인생의 부귀영화가 한 바탕의 봄꿈처럼 헛됨.	날로 달로 발전함.
一瀉千里	一場春夢	日就月將

一敗塗地 〔일패도지〕	臨渴掘井 〔임갈굴정〕	臨機應變 〔임기응변〕
여지없이 패배하여 다시 일어날 수 없음.	미리 준비가 없다가 일을 당하여 서두름.〈목마름을 당하여 우물을 팜.〉	일을 당하여 그때 그때 맞도록 그 자리에서 처리함.
一敗塗地	臨渴掘井	臨機應變

自家撞着 〔자가당착〕	自强不息 〔자강불식〕	自繩自縛 〔자승자박〕
자기의 문장이나 언행이 앞뒤가 모순되어 맞지 않음.	스스로 힘쓰고 쉬지 아니함.	자기의 줄에 자기가 묶인다는 말.〈자기의 언행으로 인해 자기 스스로 얽혀 듦.〉

自家撞着 自强不息 自繩自縛

自畫自讚 〔자화자찬〕	賊反荷杖 〔적반하장〕	戰戰兢兢 〔전전긍긍〕
자기가 한 일이나 행동을 스스로 칭찬함.	잘못한 자가 도리어 뻣뻣하게 나옴.〈도둑이 도리어 매를 듦.〉	몹시 두려워서 근심함.

自畫自讚 賊反荷杖 戰戰兢兢

頂門一鍼 〔정문일침〕	糟糠之妻 〔조강지처〕	朝令暮改 〔조령모개〕
따끔한 충고.〈정수리에 침을 놓는 것과 같다는 말.〉	아주 가난한 때 고생을 함께 하던 아내.〈지게미와 겨를 먹으며 같이 고생한 아내.〉	법령을 자주 고침.〈아침에 내린 명령을 저녁에 다시 바꾼다는 뜻.〉

頂門一鍼 糟糠之妻 朝令暮改

朝三暮四〔조삼모사〕	走馬加鞭〔주마가편〕	酒池肉林〔주지육림〕
간사한 말로 남을 희롱하여 속임.	근면하고 성실한 사람을 더욱 편달함.	엄청나게 잘 차린 술잔치.〈술이 못을 이루고 고기가 숲을 이룬다는 뜻.〉

朝三暮四 走馬加鞭 酒池肉林

竹馬故友〔죽마고우〕	衆寡不敵〔중과부적〕	衆口難防〔중구난방〕
어릴 때부터 같이 놀며 자란 친한 친구.	적은 숫자로서 많은 숫자를 대적하지 못한다는 뜻.	여러 사람의 말을 막기 어려움.

竹馬故友 衆寡不敵 衆口難防

指呼之間〔지호지간〕	珍羞盛饌〔진수성찬〕	進退維谷〔진퇴유곡〕
부르면 곧 대답할 만한 가까운 거리.	맛이 좋은 음식으로 많이 차린 것.	진퇴할 길이 없어 어찌할 도리가 없음.

指呼之間 珍羞盛饌 進退維谷

滄海一粟 〔창해일속〕	千載一遇 〔천재일우〕	靑出於藍 〔청출어람〕
아주 큰 물건 가운데 섞인 보잘 것 없는 물건.〈넓고 큰 바다에 한 알의 좁쌀.〉	좀처럼 얻기 어려운 좋은 기회.	제자가 스승보다 낫다는 말.〈쪽에서 뽑은 푸른 물감이 쪽보다 더 푸르다는 뜻.〉

滄海一粟 千載一遇 靑出於藍

焦眉之急 〔초미지급〕	寸鐵殺人 〔촌철살인〕	春雉自鳴 〔춘치자명〕
눈썹에 붙은 불을 끄듯이 매우 위급함.	짧은 한 마디 말로 사람의 마음을 찌름.	묻지 않는 것을 스스로 말함.〈봄철의 꿩이 스스로 욺.〉

焦眉之急 寸鐵殺人 春雉自鳴

七顚八起 〔칠전팔기〕	七縱七擒 〔칠종칠금〕	他山之石 〔타산지석〕
여러번의 실패에도 굴하지 않고 다시 일어남.〈일곱번 쓰러지고 여덟 번째 일어남.〉	상대를 마음대로 잡았다 놓았다 함.	다른 사람의 하찮은 언행일지라도 자기의 지덕을 닦는 데에 도움이 된다는 뜻.

七顚八起 七縱七擒 他山之石

破竹之勢 〔파죽지세〕	**風聲鶴唳** 〔풍성학려〕	**風樹之嘆** 〔풍수지탄〕
걷잡을 수 없이 나아가는 기세.	겁이 많아 조그만 일에도 크게 놀람.	효도를 다하지 못한 채 어버이를 여윈 자식의 슬픔.

破竹之勢 風聲鶴唳 風樹之嘆

風前燈火 〔풍전등화〕	**皮骨相接** 〔피골상접〕	**咸興差使** 〔함흥차사〕
바람 앞의 등불처럼 위급한 일이 가까이 다가옴.	몸이 몹시 말랐음을 일컫는 말.	심부름 간 사람이 돌아오지 않거나 아무 소식이 없음.

風前燈火 皮骨相接 咸興差使

虛心坦懷 〔허심탄회〕	**螢雪之功** 〔형설지공〕	**糊口之策** 〔호구지책〕
마음에 아무런 거리낌 없이 솔직히 말하는 것을 이름.	고생하면서 공부한 보람.	먹고 살아갈 방법.〈입에 풀칠할 방책.〉

虛心坦懷 螢雪之功 糊口之策

虎視眈眈 〔호시탐탐〕	惑世誣民 〔혹세무민〕	忽顯忽沒 〔홀현홀몰〕
날카로운 눈으로 기회를 노려보고 있는 모양.	세상을 어지럽게 하고 백성을 속임.	갑짜기 나타나고 갑짜기 사라짐.

虎視眈眈 惑世誣民 忽顯忽沒

紅爐點雪 〔홍로점설〕	畵龍點睛 〔화룡점정〕	畵中之餠 〔화중지병〕
큰 일엔 작은 힘이 조금도 보람이 되지 않는다는 말.	가장 핵심적인 부분을 끝내어 그 일을 완성시킴.	바라다 볼 뿐이지 소용이 없다는 뜻. 〈그림의 떡.〉

紅爐點雪 畵龍點睛 畵中之餠

荒唐無稽 〔황당무계〕	橫說竪說 〔횡설수설〕	興盡悲來 〔흥진비래〕
말이나 행동이 허황하여 믿을 수가 없음.	조리없이 되는 대로 지껄이는 말.	즐거운 일이 다하면 슬픔이 온다는 뜻.

荒唐無稽 橫說竪說 興盡悲來

領 收 證

一金 五阡壹百원整

₩ 5,100

上記 金額을 學用品 代金으로 正히 領收함

1991年 4月 2日

大成文具店

大韓商社 貴中

請 求 書

一金 六萬원整

₩ 60,000

上記 金額을 更紙 3連駄으로 請求함

1992年 4月 1日

서울特別市 中區 乙支路 6街 185

大成紙業社

成出版社 貴中

借 用 證

一金 參拾貳萬원整

₩ 320,000

上記 金額을 正히 借用하는바 利息은 月3分로 하고 返濟期限은 1992年 4月 1日로 함

1991年 4月 5日

서울特別市 中區乙支路 6街 18

金 正 植

朴 成 株 貴下

引 受 證

品目: 敎育漢字 百部

上記 書籍을 正히 引受함

1991年 2月 3日

成文書林

藝盛出版社 貴中

慶弔・贈品의 用語

入學	當選	還甲	結婚	開業	榮轉	謹弔	寸志	餞別	薄禮	粗品	壽宴
입학	당선	환갑	결혼	개업	영전	근조	촌지	전별	박례	조품	수연

入学	当選	還甲	結婚	開業	栄転	謹弔	寸志	餞別	薄禮	粗品	壽宴
입학	당선	환갑	결혼	개업	영전	근조	촌지	전별	박례	조품	수연

書信 用語

閣下	先生	座下	大兄	女史	尊丈	貴中	親展	貴店	卽見	本職	小官
각하	선생	좌하	대형	여사	존장	귀중	친전	귀점	즉견	본직	소관

平信	惠書	孟春	春暖	新綠	初夏	端陽	伏月	菊秋	寒沍	孟冬	送年
평신	혜서	맹춘	춘난	신록	초하	단양	복월	구추	한호	맹동	송년

○**규격봉투**
　필서봉투(예시)

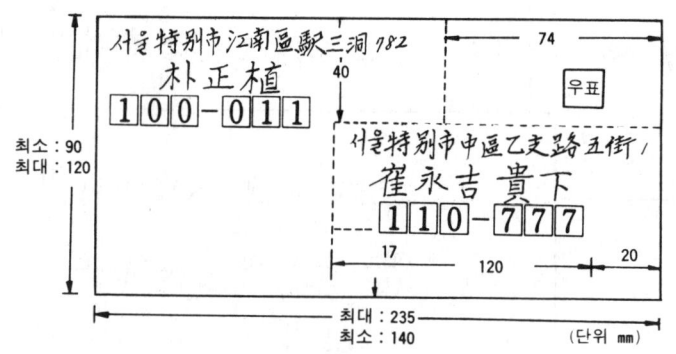

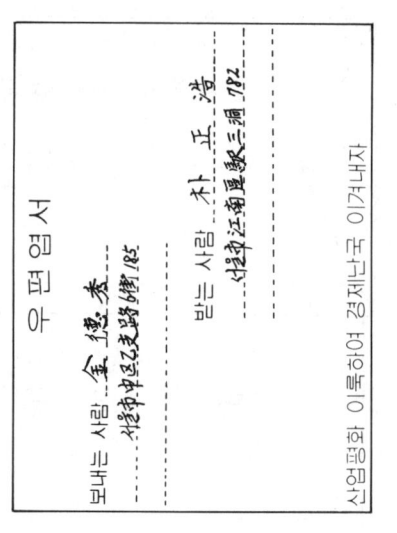

＊우편번호칸의 테두리 : 적색